わらうデ

梅原真

羽鳥書店

Laughs and Smiles:
Makoto Umebara's Art of Designing
UMEBARA Makoto
Hatori Press, Inc., 2023
ISBN 978-4-904702-90-1

笑えば、伝わる。
笑えば、売れる。
〝笑い〟で一次産業を復活させたい。
そう思いながらシゴトをしてきた。

ある日、現代美術作家・杉本博司さんに
おそる、おそる、聞いたことがある。
ボクは〝デザインは笑い〟だと思っているのですが
杉本さんは現代美術は何だと思われているのですか？
すると、すぐ、こういう答えが帰ってきた。
「現代美術は〝バカ笑い〟です。」

バカ笑い（現代美術）には負ける
笑い（デザイン）の話です。

目次

ミテル

みてる

アノアマノンミテタト。と、おばぁちゃんが言った。

ぼくが「ミテル」というコトバをサウンドとして初めて聞いたのは小学4年生のこのときだったと思う。

人が亡くなることを土佐弁では「ミテル」という言い方をする。アマノンとはジェンダーな土佐弁で、かつて女性的男子をこう言った。

おばぁちゃんが発したその記号化されたようなコトバには悲しい気持ちだけではなく、なんとなく明るさもあって、ぼくの中に強烈な記憶としてインプットされたのだった。

以来ずっと、「ミテル」とは死ぬことだと単純に思っていたのだが、10年ほど前、『土佐弁さんぽ』（竹村義一、高知新聞社、1985年）という本をめくったら、ものが無くなる・尽きるという意味もあり、語源は「満たす」の古い形で、いっぱいにする、果たす、満期になるなどの意味も含まれると書いてあった。

ほかに、満ちれば欠くという発想法で「満てる」ではないかという説もあって、どうやら「ミテル」には万有引力まで働いているようなのだ。

たとえば月の満ち欠け、潮の満ち引き。そこには宇宙の法則や自然観や人間の死生観まで大きな何かを感じさせるものがある。ぼくは驚きをもってアタマの中に上書き保存した。

ふと、ダウンロードバーが浮かんでくる。

そうか。つまり、フルダウンロードして満たした状態を「ミテル」と言うんやな。

死を亡くなるというネガティブなほうにではなく、そのものの本質をとらえて逆に「満たした」というふうに発想し、それをポジティブなコトバに変換しているわけで、年齢には関係なく、その人は一生懸命に生きて命を全うした、人生をフルに満たしたんだと最上級のコトバで尊んで見送るのだ。

それってむしろ、祝福することなんじゃないの？　そういうふうに考えると少し明るくなるやんか。救われるやんか。

そして尊き「ミテル」は、自分や自分の家族のためには使わない。

調べてみると、このコトバは中国地方でも使われるようだが、モノが無くなるという意味で、土佐弁のように命や死までは語らない。ここが高知の面白いところなのである。

このマイナスをプラスにするモノの見方と考え方、これが高知の本質を見抜く視点であり、状況を客観的に「ミテル」という3文字に短く変換して可視化し伝えるということは、デザインのメカニズムと同じだと思う。

なんとも南国的で楽天的なコトバであり、その一瞬、笑いも備わっている。その笑いの中にはブラックさやシニカルな要素も含まれていて、そこが非常に土佐人的でもある。

高知には元来、そういう変換するチカラが備わっているのではないか。ぼくは特にそれを「ミテル」というコトバの中に見る。

かの坂本龍馬の中にも本質をつかんで変換するチカラ、笑いに変えてしまうユーモアのセンスがあったと思うし、「船中八策」というネーミングなんて、もうすでにコトバのデザインができてるやんか。その内容は明治維新後の国のかたちのラフデザインでもあったわけで、そして彼は人生をフルダウンロードして33歳で幕末にミテタのだ。

この土佐人の明るさは、やや日本離れしているようで他県の人から「土佐の人はラテン系だ」とか「高知はキューバに似ている」などと言われることが多々ある。

それは高知のカラッと晴れた広い空、能天気な空のほうを向いて自然に顔が上がるみたいなところがあって土地の遺伝子というか、風土的性格なんとちゃう？

製造品出荷額やら経済という視点から見れば全国ビリを譲り合っている状況であり、所得も全国平均よりも低いというのに、当の土佐人たちはアカルク、県民幸福度指数はとても高い。そういう不思議なプラス思考は、他県の人には理解し難いかもしれない。

目の前に太平洋があり、後ろには日本一の森林率を持つ豊かな山々があり、きれいな川が流れていて、一年中温暖な土地で野山や里で作物も育つから、とりあえず食うには困らん。こういう風土が良くも悪くも、この超楽天的な気質を作り上げたのだろう。

おおらかで、おおざっぱで、別にホラを吹くつもりはないのだけれど、どうも物事をおおげさに言うところがあって、しかも頑固。そのくせ、ちょっとめめしい。

そして、そんな自分たちを客観的に見て、自分で自分を笑うような独特のメンタルもあって、そのおかしみこそが土佐のアイデンティティであり、マンガチックでもあり、だから高知は昔から漫画王国であり、それがぼくの考え方やデザインのベースにもなっている。

いわば方言は地のデザインみたいなもので、全国どこも東京弁というか標準語になってしまってはつまらんやんか。

ぼくはどうやら、そういうふうに考えているみたい。

「ミテル」は「満てる」。

「watching」ではない。

人生がフルダウンロードされて
「満てる」のである

良心市

良心市

カサついたような時世に「良心」という文字はいささか気恥ずかしくもあるが、ここで語りたいのは土佐の暮らしの道ばたに立つ「良心市」のことだ。

ぼくは子どものころから「この場面いいな」と感じたら、それを次々とカラダの中の引き出しに入れてきた。それが考え方の根っこにもなっていて、必要に応じてその引き出しがカラダのあっちこっちからピュッと飛び出してくる。

良心市から教わってきたことも、その引き出しの中にたくさん入っているのだ。

「良心市」は農家の人が作るオリジナルの販売ボックス。一般的に簡素な棚付きの木の箱で作られているが、マニュアル化されていないから全部、大きさやデザインが違う。

おもに農業が盛んな地域のロードサイドや田畑のそば、道に面した農家の庭先などに設置されていることが多い。

農家の人が丹精込めて作ったきゅうりやナスや旬の野菜や果物などの農産物が良心的な価格で並べられていて、だいたい100円か200円で買える。もちろん店番はおらず、農家さんのコメントが添えられている。通りかかった人はそこに書いてあるコメントを見ながら、空カンでできた料金箱に代金と良心を入れて買っていく。

つまり、双方向。すべてに人間味があって、そのコミュニティーの姿がまさにデザインされているのだ。

日本全国にも良心市と同じようなシステムのものがあるが、「無人市」とか「無人販売所」と呼ばれている。情報としてストレートで充分に状況を伝えるコトバではあるが、そこには何の情緒もないやんか。コミュニケーションしていないから心が動かない。

「無人市」だとクールに言い放つメンタルと、体温を持って「良心市」だという高知のメンタル。ぼくはこの違いが東京とローカルの違いではないかと思っている。

そのコトバ一つからその土地の風景や、住む人の豊かさがすぐに見えてくる。どんな考え方で、どう生きているのかが見えてくるじゃないか。これがローカルの、コミュニティーのデザイン力なのだ。

それにしても高知の人は、なんと素晴らしい名称をつけたのだろう。目に見えない人間の心性も徐々にその質を変えていく時代に、このコトバのデザインというのは大きいなあと思う。

以前、『とさのかぜ』という県の文化広報誌の編集長をしていたときに、良心市について調べたことがあった。

郷土史家によると、土佐では無人市の歴史は古く、おそらく江戸時代初期まで遡るという。戦前までは地域によって「出し売り」とか「だんまり」と呼んでいた。無人で野菜が黙って並んでいるから、だんまり。なるほど。それはそれでセンスがある。

「良心市」と呼ばれ始めたのは1951年（昭和26年）からのことで、四万十川源流域の東津野村（現・津野町）という山村が名付け親。村の農業相談所の落成を機に村人が無人の市を始めるにあたって、所長の梅原秋芳さんが「良心に訴えるのだから、良心市としたらどうじゃろうか」と命名したのだそうだ。

このネーミングには民から湧いてくるパワーがあって、地域社会や人の心まで明るく動かしてくれるような清々しさと善良さがある。農産物を介して買ってくれる客を信じる農家と、安心な野菜を作ってくれる農家を信じて買っていく客との間の信頼関係を無言で深めてもくれる。

また、買う側のモラルをこっそりと試すリトマス紙のような一面もある。どうせ誰も見ていないんだからズルしてやろうと思う心の隙も「ダメダメ、自分が見てるやん」と自分で自分にブレーキをかけ、諭したりもするわけで、道ばたで道徳教育までやっているのだ。

つまり、「良心市」はコミュニケーションを言語化したデザインだと言える。

「デザインとは何か」。ぼくは今まで何度も辞書や何かで調べたことがあるが、一度もすんなりとアタマに入ってきたことがない。

ともだちのグラフィックデザイナー原研哉は「ものごとの本質を見極めて可視化すること」、それがデザインだと言っていて、それには共感を覚え、腑にも落ちた。以来、原研哉説がボクのデザインの定義になっている。

彼はデザイン論も説くけれど、可視化もする。ぼくが太刀打ちできないようなイヤなところもある。

そのコトバを借りるなら、高知県民は物事の本質を見極めて可視

化するのが得意な県民だ。それを言語化するのが天才的にうまいなと、ボクは嬉しくなっちゃうのである。

昔から高知出身の漫画家が多いのは、おそらくそういうことなのだろうと思う。本質には〝笑い〟があるのだ。この高知の地で、ぼくは70歳を過ぎた今もこうして生きてデザインをしていている。

日々、自分のデザインと重ね合わせ、自分のデザインの中に活用するような場面が目の中に入ってくる。

人間はいやおうなく風土の子どもであって、もし、ぼくのデザインが人の心を動かすことができているとすれば、それはぼくがこの土佐の風土の子どもだからだろう。

良心市は
本質を見極めて
言語化した
コトバのデザイン

スウェーデン

スウェーデンから金髪の女性デザイナーが、うちの事務所にインターンシップに来たいという。

ついては「スウェーデン政府の文化予算を申請したい。あなたがノーと言えば申請できない。イエスなら申請したい」というメール。金髪の女性の小さい写真が添えられてある。

昭和の深夜番組「11ＰＭ」世代としてはスウェーデンと聞いただけでドキドキする。金髪・スウェーデン・フリーセックス。

３つの単語がワンセットになっている。

そして「まあ、いいんじゃない」。

ということで、マリアさんは即座に政府に申請し、半年後、北欧の国からはるばる高知の片田舎にやって来た。

ぼくの事務所がある香美市のＪＲ土佐山田駅に降り立った彼女は、メールの写真からはかなり進化した54歳のマダムで、イエンスくんという30歳の通訳と一緒だった。ぼくのヨコシマは30秒で消えた。

彼女は拙著『ニッポンの風景をつくりなおせ』をどこかで見て、ぼくにメールをくれたようで、10日間のインターンシップ期間中、その作品のフィールドを見たいという。

彼らは高知市にあるセブンデイズホテル・プラスを手配していて、そこを滞在拠点に、砂浜美術館（128頁）や四万十川を訪ねたり、新聞バッグ（74頁）を作る体験をしてもらったりしながら県内を一緒に旅した。

マリアさんはスウェーデン第二の都市ヨーテボリという港町に住んでいて、そこでイワシやハチミツなど一次産業のデザインの仕事をしているらしい。

ぼくのデザインがおいしそうに見え、第一次産業の表現を学びたいと思ったようだ。

イエンスくんの通訳を介して彼女の仕事の話を聞いていると、臓器を入れる医療用トレイのプロダクトをデザインしていて、グラフィックというよりプロダクトデザイナーのような感じもしたが、コトバの壁に阻まれ、詳細はよくわからない。

ただ最初から「ぼくとの共著を作る」という企画と目的を持ってい

たようで、この体験記がスウェーデン政府の援助に対する報告レポート代わりになるのだろう。

1年後、マリアさんから「ゲラができたのでスウェーデンに来てください。私の家にも来てください」という連絡があり、2015年8月、ぼくはカミさんと二人でヨーテボリに向かった。

正直、ゲラを見に行くといっても文章なんてチェックできへんやんか。スウェーデン語やもん。けれど太陽が当たらない北欧の国なりの独特のカラーリングのデザインに興味があった。

羽田空港国際線からストックホルムに飛び、ヨーテボリはそこから電車で4時間ほど。

ぼくらが訪ねた8月はちょうど年に一度の伝統行事「ザリガニパーティー」の時期でもあり、ぼくたちもその席に招待され、赤い三角帽子をかぶってザリガニを食ったのだが、これがなかなかシュールな光景でちょっと笑えた。

これも風土のデザインなのだろう。

ザリガニは香草で塩茹でしたシンプルな味付けだ。

高知に来た時とは逆に、今度はぼくがマリアさんの一次産業のデザインを手がけたイワシ工場やハチミツ農場などを訪ねた。

工場の雰囲気だけをみれば、日本もスウェーデンもさほど違いはない。食品のパッケージデザインはあまり気張ってなく、暮らしとほとんど一体のところにあるような印象の色づかいで明らかに日本とは違う。

マリアさんのパッケージデザインは、なるほどな、スウェーデンらしいなと思える、中身がちょっと見えるデザインだ。

北欧のデザインというのは透明感があって一味違う。西洋文化のデコラティブから始まったものとは違い、北欧独特の気候風土とデザインの関係をものすごく感じる。そこに一番興味がある。

ぼくも高知にいて、気候風土との関係をデザインしているようなところがある。それはうまいとか、ヘタとかの問題じゃない。そこにある文化の問題だ。

北欧は一日中太陽が沈まない白夜の期間や、冬は一日中太陽が昇らない極夜という期間が長く、グレイッシュで家の中が暗い。

暮らしを明るくしようというので照明、光との関係性がデザインにあると感じた。

マリアさんとの共著

たとえばスプーンが黄色やグリーンなど生活道具の色を工夫するカラーリングで、ベーシックなところが明らかに違う。

一方、日本は陰翳礼讃の文化で闇の暗さに美を発見するという感性の国だから、お互いに相当違う風土の中で生まれるデザイン だ。ぼくはこういうその土地の上にあるデザインが見てみたかったのだ。

帰国後、ほどなくしてマリアさんから本が送られて来た。あまり好きな編集ではなかったけれど、まあ、ええやろ。

そして高知が好きになったマリアさんは２０１８年、今度は家族を連れて金髪なびかせやって来た。高知の田舎にいても地球儀が勝手に回って、こんな面白いことがあるんやデ。

金髪女性が
スウェーデンからやってくる
まあいいんじゃない

Any bad kids?
秋田県
JAPAN
AKITAVISION

あきたびじょん（ワリゴイネガ）

記憶にないけど「そんなこと言うてるからアカンのや！」と言ったらしい。２０１０年に「秋田県トップセミナー」という県庁の課長以上の人を対象にした講演に呼ばれた時のことだ。

一番前の席に、国から出向して来ていたキャリアの総務部長さんがいて、ぼくに何か質問をし、それをこの一言で一喝したのだそうな。かなりインパクトがあったようで、３ヶ月後、その総務部長さんが秋田県広報広聴課の職員と一緒に、うちの事務所にやって来た。

「佐竹知事がイメージアップ戦略推進室を作りたいと申しております。スーパーバイザーとして関わっていただけませんか」という話で、「知事さんがどんな方かもわからないので、まず知事さんとお話しをさせて頂いてからでなければお受けできません」と返事をする。

その２ヶ月後、「ご用意ができました」と連絡があった。ぼくの場合、アカンヤンカからものごとが始まる場合が多い。

佐竹敬久知事との初顔合わせは料亭のお座敷で、「いやぁ昨日は東京さ出張していて酒さ飲めなくて、今日は嬉しいなあ」と言いながらにこやかに登場し、ぼくの前に座った。まったく思ってもみなかったシチュエーションに笑って引き受けてしまった。

話してみると、知事はぼくとモードが似た人で考えていることがよくわかる。「美しい日本、豊かな秋田、そんなことを言っていたら伝わらないんだよね」と言い、秋田市長時代にポスターの真ん中に「け」と1文字だけ書いたポスターを作ったというわけよ。秋田弁で「来てください」「食べなさい」という2つの意味がある。

つまり、ぼくは知事のいう「け」から入ったというわけ。考え方がまるでデザイナーやんか。なんと変わった知事だろうと思った。

ぼくの中で秋田といえば、青春時代のアイドル桜田淳子さんがドリフターズの番組で秋田音頭を歌っていたのを思い出したぐらい。

まず秋田のこと、秋田の本質を知るために7、8ヶ月かけて県内をくまなく見て歩き、情報をたくさん集め、秋田の資源の一つが「美人やな」と実感し、やがて、あれれ、「びじん」と「びじょん」、よう似てるやん！と頭の中で、瞬間的にコンセプトが生まれた。

「あきたびじん」に小さな「よ」を入れると「あきたびじょん」になる。

日本語より英語の方が幅もあって、未来を示す知事がいて、行政があり、本質を探っていく中でビジョンというのは一番大事やんか。小さな「ょ」が世界観を大きく広げる、「あきたびじょん」である。

ぼくの中ではコトバとデザインは同じ感じで、結構、コトバからデザインすることが多い。

巨匠木村伊兵衛さんが1953年に撮影した「秋田おばこ」の写真を使った巨大なポスターは、銀座4丁目の角ビルに掲出され評判を呼んだ。

しかし3年経った頃、システム的にクリエイティブができる環境ではないなと感じ、「辞めさせてほしい」と申し出る。

するとまた2ヶ月後、また「ご用意ができました」というので、知事にお会いした。

知事室に一歩入った瞬間、知事がいきなり右手をあげて「もう少しお付き合いくださ〜い」と大きな声でおっしゃった。

まいった。知事のこのワンフレーズのスゴさにへなへなとなり、ぼくは「いやです、いやです、いやでーす！と言ったら困りますよね」と笑って返事をし、それから7年続け、10年目となる2021

年にキリよく辞任した。

その10年の締めくくりに、ぼくが提案したのは国内外に秋田県を強く印象付けるグローバルバージョンの「AKITA VISION」。

フランス人のシャルル・フレジェさんの『YOKAI NO SHIMA』（青幻舎、2016年）という本の巻頭に掲載されているナマハゲの写真を使った。

今まで見たことがないような透明感のある写真で感動した。ナマハゲは悪魔や鬼ではなく、神様である。

その神様が「悪い子はいねが」と家々を周り、子どもを諭して山へと帰っていく。それは秋田の伝統的なマインドでもあって、その神様が「Any bad kids ?」と英語で問いかけて世界に登場する場面で、「あきたびじょん」は、まさしく時代の本質とちゃうんかなという思いをそこに託した。

「あきたびじょん」というコトバはこの先も長持ちする、古びないコンセプトだと思っている。

本当に世界は悪い子で溢れていた。このポスターの解説に「トランプ、プーチン、習近平。世界は悪い子であふれている」というノリの

良いブラックジョークも添えてある。

ところが、このポスターを発表する際、あきたびじょん室から「梅原さん、これは絶対に言わないで」と釘を刺された。秋田県はプーチンさんに秋田犬を贈り、お返しにミールというシベリア猫をもらっている。まさかポスター1枚で外交問題に発展してもいけない。

しかたなく、ぼくはお口にチャックをした。

その後、トランプは退き、プーチンは今、ウクライナ侵攻で世界で最も悪い子になってしまった。

習近平の後ろにひそんでいる金正恩はミサイルをドンドン飛ばしてくる。この時代にまだ、こんなことがあるのかと思うような出来事が起こっている。未来を予言するポスターとなった。

トランプ、プーチン、習近平（金正恩）
世界は悪い子であふれている

AUN
あうん
アール
グレイ
ベルガモット
うまじ
しまんと
紅茶
AUN
EARLGREY
LEAF 30g

あうんアールグレイ

あうんアールグレイ？　うわあ、どんくさい！

缶のデザインやネーミングが発する、そこはかとなく田舎くさいこの感じ。高知の中山間の馬路《うまじ》村農協と四万十町の広井《ひろい》茶生産組合がコラボして作った高知産アールグレイ紅茶である。

最初はフランスの紅茶ブランドのマリアージュフレールみたいに黒い缶で、英国王室の紋章のようなデザインがええなと思っていた。かれこれ10ヶ月かけて、ものすごく凝ったデザインに仕上げてみたものの、いや、これ、違うかもしれんぞ、カッコえぇのはあかん、田舎に似合わん、全部ぶっ壊して、スタッフとまたイチから考え直した。

英国王室はライオンとユニコーンが向かい合っているが、こっちはイノシシ駆け回る四国の中山間やぞ。その2つの地域のイノシシが地域を越え、神社の狛犬みたいに「あうんの呼吸」で向かい合っている。向かいイノシシの紋章や。こっちの方がええやん。

それを木版画でどんくさく彫った。ここでは「どんくさい」がミソ。どんくさくする、というのもボクの一つの方向性だ。

しかし、ど田舎の村と町がなぜ、アールグレイなどと、こじゃれた紅茶を作ることになったのか。

2019年、柚子で全国的に知られる馬路村から「ベルガモットはある。紅茶はないか」と、四万十町の広井茶生産組合に相談を持ちかけられたことから始まった。

馬路村農協がイタリア南西部のカラブリア州から正規ルートでベルガモットの苗を導入し、検疫後、本格的に栽培を開始したのは2013年ごろ。村にある「ゆずの森研究室」沢村正義先生の「主力の柚子以外に、もう一つ素材があった方がよいのでは」というアドバイスがきっかけだった。

だが、山間部の馬路村ではうまく育たず、農協職員の岩貞さんの実家である室戸市吉良《きら》川の太平洋を望む畑で栽培してもらうことになった。一年中温暖で日当たりもよく、カラブリア州の気候と似ているらしい。

ベルガモットは果汁が苦く、食べられない柑橘。秋の収穫後すぐに柚子で得た精油技術でもって果皮からベルガモットオイルを抽出している。輸入の香油よりも断然フレッシュで格段に華やかだ。

一方、「しまんと紅茶」は、四万十川を見下ろす段々茶畑で栽培された「ヤブキタ」という品種の茶葉が中心。山茶に近く、渋みが強いのでブレンドする時に「土佐茶なしではお茶ができない」と言われ、四万十ではほぼ100%、静岡に送られていた。

当時、沈下橋の向こうに住んでいたボクは「おまえら、ええ加減にせえよ。自分らの茶もないの？　愛情のない農業やなあ」と怒り、それがのちにオリジナルの「しまんと緑茶」や「しまんと焙茶」になった。ボクの場合は村おこしではなく、村おこり。

そして、このヤブキタの渋みは紅茶にも向いている。

実は高知県は日本の紅茶の発祥の地。明治10年ごろに日本で初めて「紅茶試製場」が作られたという歴史があり、四万十ドラマ（四万十川流域の風景を大事にしたものづくりの会社）のある十和《とおわ》にもその工場があった。しかしウルグアイラウンドで貿易が自由化され、セイロン紅茶が輸入されるようになって国産紅茶は衰退。1965年に十和からも紅茶工場は姿を消した。

２００７年、40年ぶりにその紅茶を復活させようということになり、和紅茶に詳しい金沢市のコピーライター赤須治郎さんの指導のもと、広井茶生産組合の挑戦が始まった。茶葉を蒸し、揉み、自家発酵させたのが「しまんとレッド」。田舎の人は甘いのが好きだけど、これは無糖。分析してみたら紅茶自体が甘みを持っている。

ぼくたちは、この山の中でクリエイティブな新しいカタチを作っていく喜びがあって、昔のものにシフトして焦点を当てたとしても土地の力をどういうふうに引き出していくかを考え、土地の個性を活用しながら経済を生んでいく。

そこに知恵を使うわけで「40年前の味で新発売」みたいな、そういう「へっ」というようなものを生み出さない限り、面白みがないやんか。その「しまんとレッド」の茶葉を缶に入れ、馬路村産のベルガモットオイルとコラボして香りづけしたらアールグレイができる。

風味のバランスやらの調整と試行錯誤の末、２０２1年7月に販売を開始。紅茶マニアからも好評価で、結構売れている。これも四万十ドラマと馬路村農協がお互いに独自のブランドを持っているからできることでもある。

別案

ぼくは今まで「あなたたちの個性があるから、その土地のものでやりなさいよ」という考え方だったけれど、地域に焦点を当てすぎて単体になっていたのかもしれない。

ＡとＢで一緒にやろう。それを一つの新しい商品にする。

むしろ、はっ！とする。ドッキングするのもアリだなということを勉強する商品になった。

調子に乗ってチラシも作った。

あうんの「阿」は馬路村農協の東谷組合長。

「吽」は広井茶生産組合の岡峯組合長。

山のおんちゃん同士、気もアウンです。

ここでは
どんくさいがミソ

PARIS
TÉNUKI UDON
てぬき
うどん
虎
KUNITORAYA

パリの野本くん

２０２３年の正月は3年ぶりにパリで過ごした。コロナ禍前までは年に2、３度出かけるのが20年来の習慣だった。写真家木村伊兵衛も「オトナのまちだなあ」と言っているけれど、成熟したオトナの文化のまちというのはやっぱり落ち着く。

フランスは経済が悪いだろう、というけれど、経済は体内を流れる血液のようなものであって、あたり前。ビジョンではない。モンダイは「どう生きるか！」でしょ。経済をビジョンに掲げる政治家はアテにならん。

そしてパリには「野本将文」という高知出身のオモロイやつがいる。１９９２年にオペラ座近くのサンタンヌ通りに「国虎屋」という大行列のできる人気のうどん店を開いて30年が過ぎた。

野本くんとは以前、ぼくが編集長を務めていた高知県の文化広報誌『とさのかぜ』（２２４頁）最終号の取材を通してパリで知り合い、親しくなって15年ほどになる。ぼくにとってはなぜか気の合う、そしてどこか気になるオトコなのだ。

彼は香南市夜須という海辺のまちの生まれで、目の前は太平洋、後ろには84%と日本一の森林率を持つ山を背負って育った。もともとはフレンチのシェフで「ファールブラン」という洒落たレストランを故郷の海岸沿いに開いていた。

その後、父親が経営していた安芸市のドライブインをプロデュースし、「国虎屋」といううどん屋を作る。高知市から車で40分もかかる田舎町なのに行列ができる店で、店内には開店以来、今も喜多郎の「シルクロード」がBGMで流れとるのよ。ぼくは毎度「なんで喜多郎やねん」とツッコミながら、うどんをすする。

それにしても高知でも人を列ばせ、パリでもフランス人を列ばせるうどん屋。なぜ、こんなことができるんやろな。

その野本くんが今年、人気のうどんレストランをリノベーションし、まったく新しいスタイルのレストランを始めた。64歳の冬。

いくら商売が成功していても、このまま人生にあぐらをかいて生きてはつまらない。彼は今の自分に飽きたのだろう。そして発想を転換して、人と違うことを考えちゃうのである。

新しいレストランの名前は「CHARBON Kunitoraya」。CHARBONシャルボンとはフランス語で「炭」。土佐備長炭を使ってフランスのニワトリを焼き鳥にする。

なかでもブレス鶏は、赤いトサカ、白い毛、そして足はブルーという、まさにトリコロールの地鶏で、土佐備長炭の強い火力でタンパク質を閉じ込め、脂を落として旨みを残すのが一番の魅力。日本ではなかなか食べられない鶏だが、これがまた絶品。そしてやっぱり、うどんには愛着があるから、コースの〆にはうどんが出てくる。

実は2022年の夏、野本くんがバカンスで高知に里帰りしていた際、その新しいレストランで使うテーブルの天板を高知の木材で作りたいという相談を受けていた。

フランスでは一年に一回、30日間のバカンスをとらないかんと法律で決まっていて、経営者は休みを与えないと罰せられる。日本人は1ヶ月もよう休まんやろ。

そうして南国市にある「溝渕木材店」で高知産のミズメザクラに出会う。乾燥させてから11年間寝かせていた材で、職人が鉋がけで仕上げると色目や木目が美しく浮き出てくる。板の裏にぼくが代表を務めている「84プロジェクト」（高知の森林率84％を自慢するプロジェクト）の焼印が押されているのだ。

彼は高知への思いが強く、土佐酒や柚子、仁淀川町の山椒、うどんだしには土佐湾のサバやアジのジャコを使うなど、土佐の食材を紹介しながら、フランスでしか手に入らない珍しい食材を使ってクリエイティブな食を作って勝負している。それはもうスバラシイ!!

ちなみに、炭で焼く技術は昨秋、帰国し、東京の超有名な焼き鳥店で修行をちゃんと積んだ。えらい！

「CHARBON Kunitoraya」では2023年1月9日と10日の2日間、パリの食のジャーナリストを20名ずつ招待して試食してもらうレセプションを開いた。ぼくも招かれ、いきなりインタビューを受けたのだけど、それはこの映像を「84プロジェクト」の活動として高知で流したらええやんかという野本くんの配慮でもある。

最近、野本くんは新しいキーワード「の素」を使うようになった。「だし・の素」とか、「なんとかの素」といったニュアンスが感じられて面白い。野本くんは自分でデザインできてしまう。全体のチカラ、センスがボクより優っているから、出るマクがない。

くにとらやフランス
30周年記念誌

そしてぼくと同じで、彼も何かをするときに空想をまず絵にする。実際、野本くんとボクは不思議と似ていて、いつだったか、彼の娘さんが「お父さん、梅原さんと出会って変わった」と言っていた。それは同じ高知の自然のフィールドで育ち、何が面白くて、何に興味があって、どんなふうに自分が感じたかという皮膚感が、ものづくりのベースになっているのが似ているのではないかと思う。

ただ、ぼくと違うのは、彼はあまり口数が多くなく、「えー、あのー、まあ」と話がわかりにくく、超スロー。早う喋らんかい！　と、たまにイラッとすることもあるけれど、頭の中はぐるぐる高速回転しているようなのだ、これが。

2月、新しい店はフランスの新聞『ル・モンド』紙に掲載され、大絶賛されていた。

もしかしたら、アイツは、ホシなんか狙っとんのか？

キミは
ミシュラン
ねらうんか

フタガミ

フタガミグループは面白い会社だ。

高知県でホームセンターや住宅など、〝家〟を中心とした事業を展開している大きな企業。

「高知県民になくてはならない企業になる」というのが理念だ。だから県外には出店しない。そのポリシーは絶対に曲げない。高知に対する思いや考え方がボクと似ている。

そのフタガミグループの現会長、二神昌彦さんとボクを引き合わせてくれたのは、元県庁マンで高知県工業技術センターにいた山崎憲輔さん。定年後、キャリアを買われてフタガミの顧問になった。

高知の森林にもくわしい人で、ボクが２００８年から提唱している「84プロジェクト」の第1回のフォーラムに参加してくれたとき、終了後、会場の出口で参加者一人ひとりに頭を下げているボクを見て「あの梅原さんが!!」と何かを感じたらしく、二神さんに「ええ人おるで」と紹介してくれたらしい。

実際にお会いするまでは、かなりやり手の敏腕経営者なんだろうと思っていたのだが、小柄でホンワカとした雰囲気の白髪の紳士で逆に驚いた。独自のワールドを持っていて、ちょっぴり話が分かりづらいところもあるが、実は社会が見えている人、未来も見えている人で、目の確かさはやはりシャープ。そのギャップが面白く、たまにお会いしたくなる不思議な人でもある。

フタガミグループとしては、マルニ、ハマート、ブリコなど18店舗に、住宅会社やイエローハットやペットのためのお店アシスト、ガーデン事業など多岐にわたる。

が、実はどれも日々の生活から派生する事業ばかり。二神さんは「うちはホームがセンター。家が中心やきね」と言う。

ホームセンターの名称がバラバラなのは、地元生まれで他社のホームセンターが潰れると買収を持ちかけてくるからだそう。倒産して県外資本にとって食われるのは、高知にとってもよろしくない。

高知はまだまだ地産地消ができる土地で、ものを安く買い叩くことは結果的に自分たちも苦しめる。地盤である高知県に住む人の生活に寄り添っていくという神様みたいな考え方なのだ。

だから、傘下に入ってもその地域で愛され続けてきた姿のまま生かすために名称もそのまま。従業員もそのまま。仕入れ先もそのまま。一つにしたら効率もよいだろうに、そうしない。

こういう経営者がちゃんと生き残っていく、むしろ、今から未来形に通用する発想ではないかと思う。

初めて仕事を頼まれたのは創業70年のときで「家と庭」というコンセプトで『高知新聞』に掲載する全面広告のデザインだった。二神さんの頭の中では漢字だったと思うが、ボクの頭の中で「いえとにわ」とひらがなに変換。漢字だと妙に気持ちが悪い。

しかし。広告をデザインしてみたら、従来の太いゴシックみたいなフタガミのロゴが、自分の提案する方向性と合わない。新しい未来に向かって私たちはこう考えているんだと語ろうとしているのにそのロゴが昔の時間を引きずっていて未来形にならない。そこで新しいロゴを作ることになった。

それがFUTAGAMIという横文字。最初のAには家を、二つめのAには庭を作り込むことで、ロゴの中にも「いえとにわ」ができた。ロゴをじっと、よーく眺めてみてほしい。

FUTAGAMI

フタガミグループのスケール感も親しみやすく知ってもらうために、CMに使うサウンドロゴも作った。

フッタガッミ♪　ワン、ブッ。

ボクが即興で作って口ずさみ、担当者に「これで頼むで」と伝えた。ワンはペットショップ、ブッというクラクションはイエローハット。ボクに限らず、田舎のデザイナーは何でもするのである。

こうしてストーリーができ、その後、ほぼ1年がかりで「いえとにわ」の展開が始まった。

デザインはビシッと決め込むのではなく、記号のような、模様のような、マジックで描いた三角のいえと四角のにわのシルエット。ホームセンターという性格上、それをビジュアライズするのはある意味、考え過ぎず、「この程度のデザインでいいんじゃないの?」というラフさを利用して生活の中に入っていくのだ。

ボクにとっては、モノを表現する上で「この程度でいいんじゃない?」というジャンルはとても大事なジャンルなのだが、誤解もされるし、勘違いもされる。しかし、そのフィーリングは忘れてはいけないと思っている。

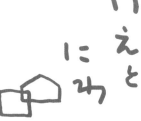

いえとにわ

世の中には「この程度」がなくなって、やり過ぎちゃうんかい！と思うような「やりきった感」のあるデザインが多過ぎる。ただし、それもクライアントとの信頼関係があるからできることで、考え方を理解してもらえないと成立しない。
その証拠に、この「いえとにわなんでもバッグ」。ボクが知らない間に、「いえとにわマーク」を使ってフタガミオリジナルエコバッグができていた。担当者のセンスもええやん。笑うで。

ぼくのいう
「この程度のデザイン」は
うめばら程度
クライアントとの
信頼から生まれる

そんなとき
ベルギー
ノンアル
日本上陸！
BDA
BIERE
DES AMIS
0.0% ALC.
33CL BELGE BLONDE
ベルギーノンアルビール
ビアーデザミ
0.0%
株式会社 湘南貿易

のんでます。

3年ほど前、藤野英人さんという超有名な投資家と、東京で酒を飲んだことがある。といっても、彼は酒が飲めない。

みんな、おいしくビール飲んで自分はウーロン茶、こちら用の商品がない。飲めない人のための「下戸産業」はあると思うよ、考えてほしいと言っていた。

下戸産業かあ、うまいこと言うよねえと息をのむ。

その藤野さんが2020年に『ゲコノミクス――巨大市場を開拓せよ！』（日経BP日本経済新聞出版本部）という本を出版され、日経新聞にその本の広告が掲載される際には下戸産業のスポンサーが各社付いた。

そこに掲載するために「湘南貿易」の代表取締役橋本則夫さんにノンアルコールワインとノンアルコールビール「ビアーデザミ0・0%」の広告デザインを頼まれた。

今や、コロナによる「おうち時間」も相まって、ノンアル市場は新マーケットになりえるのか？

　橋本さんとは8年ほどのお付き合いになるが、そのきっかけは、ある日、留守番電話に残されたメッセージ。

　もう飛び上がりそうなほど迫力のある大きな声で「仕事をお願いしたいんです」というから驚いた。

　これはやる気がある人だなあと思い、事務所に来て頂いた。会えば、その人のカロリー数というのはすぐにわかる。彼はパワフルかつ直感でシゴトをしているような人で、判断も早いから話も早い。すぐにバンバンやるからボクと気性も合う。

　カテゴリー的にはボクと同じフォルダの中に入るタイプの人やな。ボクの場合、「持ち帰って検討させていただきます」というシゴトの話はほとんどない。持ち帰るのは行政だけだ。

　会社の社長サンだろうが、小さな店のおばちゃんだろうが、トップとダイレクトに話をするから、自分の意思表示をしないとダメなんじゃないかと、相手は何となくデザインのモードがわかるのではないかと思う。

「湘南貿易」は神奈川県横浜市にあって、主にリサイクルビジネスを中心に事業展開をしている会社。ペットボトルの処理など、あらゆるプラスチックのマテリアルリサイクルに関わる機械を海外から輸入し、自治体などに納入している。

その環境処理マシーンを秋田県に設置した際、県の封筒に「あきたびじょん」と書かれているのを見た橋本さんはデザインが気になったらしい。

貿易会社だから、マシーンだけでなく、自分が興味のあるものを輸入販売できる。

そこで橋本さんが目をつけたのがベルギーの本格ノンアルワイン。日本のノンアルワインは合成したものや、ぶどうジュースに近いものも多いけれど、ベルギー産は本物のワインからアルコール分だけを真空アルコール除去製法で取り除いたもので、なんちゃってノンアルとはだいぶん違う。

ところが輸入して3年経つけれど、これが全然売れない。

代理店に頼んで作ったという広告宣伝も効果がなく、ボクに依頼があったというわけだ。

考えたデザインがワンマークで展開する〝のんでます〟シリーズ。

運転しながらのんでます、ゴルフしながらのんでます、妊婦さんものんでます――という、一連の「ながらシリーズ」である。

大きなメッセージをワンマークで伝えていくということを瞬間的にやるとこうなります、というデザインの効用としてわかりやすい一例ではないかと思う。

そのメッセージはストレートに届いて、なんと、大ヒット！

「ワイン事業部」という新しい部署ができるほど売れちゃった。

横浜のみなとみらい・中華街地区エリアを走る三輪自転車タクシー「シクロポリタン」に、〝のんでます〟広告をデザインしたり、ベルギー大使館でお披露目パーティーを開いたり。ボクも大使館に招待されたのだが、カロリー数の高い人というのは皆、こういう驚くようなことをパパパッとやってしまう。

そしてノンアルワインの次が、ベルギーノンアルビール。

「ビアーデザミ0・0％」を初めて飲んだ時、うまいなと思った。これはおいしいノンアルである。

デザインを考える際、ふと浮かんだのが、あるイラストレーターの名前。堀口ティモコ。

以前、メールでボクに直接アプローチしてきたのだが、そのイラストがあまりに「キモい」ので使う場面が限られる。しかし面白い。今回こそ、彼女の出番だった。

ボクがリクエストし、イラストの顔の口元にはたっぷりとビールの泡をつけてもらった。

そのイラストでラッピングされたオランダ発祥のビアバイクが、ビール片手にペダルで漕ぎながら進んでいく動画をハウステンボスで撮ろうと絵コンテを描き、ロケの日取りまで決まっていたが、コロナで中止となったままだ。

これもコロナで立ち消えになった仕事の一つやな。そんな事情ものんでます。

ボクのクライアントは持ち帰って検討しない

OBUSE
MINI
MARA
THON
ONの道より
OFFの道
15th
第15回小布施見にマラソン
2017
7/16[SUN]
6:00 START
11:00 FINISH 雨天決行
おぶせミニ長距離走 21.0975km
[お問い合わせ] 小布施マラソン実行委員会
TEL.026-214-6070
〒381-0201 長野県小布施町林2408-9 桃源荘
START
FINISH
www.obusemarathon.jp

小布施見にマラソン

小布施〝ミニマラソン〟はコンセプトがオリジナルのハーフマラソン大会だ。早く走らないことが価値で、タイムではなく、急がず、まちを楽しみながら走る。だから「小布施見にマラソン」。ちょっとオヤジっぽいジョークも入っている。

仕掛けたのはセーラ・マリ・カミングス。金髪、青い目のアメリカ人女性だ。

セーラに初めて会ったのは2003年、東京新宿にあるパークハイアットホテル40階の和食レストラン。当時、彼女は老舗栗菓子「小布施堂」の専務を務めていて、ぼくにその栗菓子のパッケージデザインをしてほしいと切り出した。

「高知のぼくは関西圏のデザインで、小布施堂は江戸のデザインだから、ぼくには向いていない」と断ると、「あなた、何言ってるの。私はアメリカから、日本人に日本が足りない！　日本の文化を残すために来た。あなたは関西とか関東とか言っていないで手伝うべきだ」と、英語を直訳したような日本語で説得される。それにぼくは基本的に金髪の女性に弱い。

そして、その出会いからほどなく、ぼくは「台風娘」のトルネードに巻き込まれてゆくことになる。

ときは3月。セーラが突如、「海のない長野に人波を作る」というコンセプトで7月の海の日にマラソン大会をやると言い始める。

そしてすべてのデザインは、ぼくが担当することになった。

たった4ヶ月先やで。やれるわけないやん。しかも道路交通法やら警察、パーキングのことなど、あらゆる問題が山のようにある。

ところが、セーラはやる。ぼくと小布施とセーラとの付き合いはいきなりトップスピードで走り始めたのだった。

コトを進めるには、エンジン部分となるその人間が持っているカロリー数が高くないとできないし、成功率はそれに比例する。

「台風娘」と呼ばれたセーラは、なにはともあれカロリー数がめちゃくちゃ高いから、そういう意味でコトが動いた。

たとえば難しい申請書類の手続きは役場に担当してもらい、警察にも〝そちらの方がリレーションあるでしょ〟と任せ、得意な人に得意なことをやってもらう。民間が得意なソフトはこちらでやる。それはある人にとってはとても刺激的で、ある人にとってはさぞや迷惑だろうと思うが、その方が仕事は早いのも事実。

こうしてセーラはたった4ヶ月で「小布施見にマラソン」というビッグイベントを作ってしまったのである。

ぼくはポスターのデザインするとき、常にそれがどこに貼られるのかを想定して仕事を始める。

小布施は栗と北斎のまちで、江戸時代に繁栄した善光寺西街道最大の宿場町。白壁の土蔵や瓦屋根の美しい町並みで、その和調の風景に貼ったときに邪魔をしない美しいポスターでなければイヤだ。

写真だと複雑になるから、印刷はシンプルに1色刷り。2003年のスタート時からそう決めている。

告知ポスターだからと言って変に主張する必要などなく、町としてのメッセージが伝われば、参加したい人は集まってくる。

デザインは「人」をモチーフにしたイラストで、回ごとにそれが小さくなったり大きくなったり、人数が増えたり減ったりする。経費のことも考えて3年間は同じテーマ、同じパターンで1セット。4

年目からまたデザインを一新するというスタイルだ。

そのポスターのデザインと連動させ、ゼッケンからランナーTシャツやフィニッシュタオル、グッズ、サイン看板類、リーフレット、ゴールゲートまで、イベントの一切合切のツールをつくる。

連動させることで、ゴール広場でフィニッシュタオルを肩にかけ、ランナーがハアハアと荒い息をつく風景までもデザインできるのだ。

セーラのネーミングセンスはいつもコテコテの親父ギャグのようでもあったが、「見にマラソン」にはハーフマラソンのミニという意味と、小布施の町をちゃんと見に来るマラソンという意味をかけていて、ダジャレなりに考え方の底には結構深いものがあったりする。

ジョーク、笑い、コンセプト、面白さ、しっかりした組み立てがあれば、コトは動くんやな。

ポスターのコピーは「ONの道より、OFFの道」という考え方で、おもての道ではなく、土手や野道、路地やあぜ道を走り、給水ポイントをはじめ、あちらこちらで住民ボランティアさんが待ち受ける。

道中、バイオリンやジャズが演奏されていて、思わず立ち止まって音楽に耳を傾けたり、道ばたで焼き肉を焼いてランナーに振る舞っ

たり、町のばあちゃんが漬けた野沢菜や梅干し、果物などをご馳走になったりしながら、21kmを5時間以内に走ればよい。

もちろん仮装もＯＫと、とにかくゆるい。このゆるさとユニークさが人気を呼んで、１回目は３０００人程度だったランナーが今はやむなく８千名で締め切るほどの一大イベントになっていて、県外からツアーが組まれているほどだ。

２０２０年以来、コロナで休止となっていた19回目の大会も２０２２年７月、３年ぶりに無事に開催された。

セーラは２０１４年に町を去ったが、マラソンはずっと続いているわけで、まちの本質や気質を見抜いていたということだろう。

ジョーク、笑い、コンセプト、面白さ
しっかりした組み立てがあれば
コトは動くんやな

サトウ
と
カトウ
Graphic design
vs
Package design
グラフィックデザインと
パッケージデザインは
ちがうんです
JPDA＆JAGDAデザインセミナー
Japan package design association and
Japan graphic designers association
Design seminar
Taku Satoh and Yoshio Katoh
2019/10/28 MON
18:30
19:00
20:30
JACDA 佐藤卓 JPDA 加藤芳夫
JPDA × JAGDA
様々な領域を横断するように活躍するデザイナーが増えてきた。もはやデザイナーにとって、ジャンルや肩書きは必要ないのかもしれない。そんな今、あえてグラフィックデザインとパッケージデザインを対立させることで、その違いをあぶり出し「デザインとは何か?」を考える90分。
日本グラフィックデザイナー協会（JAGDA）から佐藤卓氏、日本パッケージデザイン協会(JPDA)から加藤芳夫氏、そしてレフェリーとして梅原真氏をお迎えし、熱い対談を繰り広げます。

サトウとカトウ

さて、コトバのジャブとパンチのオモロイ応酬となるのか。

「グラフィックデザインとパッケージデザインはちがうんです」というテーマで闘う「サトウとカトウ」。

青コーナーはＪＡＧＤＡ日本グラフィックデザイン協会会長の佐藤卓さん、赤コーナーはＪＰＤＡ日本パッケージデザイン協会専務理事の加藤芳夫さん。そしてレフェリーは、出る予定は全くなかったワタクシ梅原真。２０１９年10月28日19時、カンカンカンとゴングが鳴ってトークボクシングが始まった。

やや犬猿の仲のような２つの協会が同じ場所に集まるのは初めてのことで、東洋インキ株式会社・京橋エドグランの会議室には双方の会員３００人が集まった。

ここに至るまでの諸事情と経緯はこうだ。

それは１９８７年の高知にまでさかのぼる。先輩デザイナーから「高知県産業デザイン振興会というのが発足するけど、あんたも幹部に入っとる」と誘いがあった。高知では「土佐のメダカは群れたがらない」と言われ、一匹狼タイプが多いので集まることが難しい。

当然、ボクも群れたくないし、狭い高知のデザインシーンに関わりたくないという気持ちもあった。「すみません。産業をデザインしたいので日本パッケージデザイン協会に入りました」と返事をし、ワォーンとＪＰＤＡに逃げ込んだのである。

そのころのぼくは、ＪＡＧＤＡ会員が水戸黄門の印籠のようにバッジをつけている権威的なところが嫌いだった。一方、ＪＰＤＡは当時６００人ほどで四国に会員は一人しかおらず、ボクで２人目。面倒な組織もないので、なんもせんでええわ。

ところが８年後、高知出身で元資生堂研究所にいらした山崎次郎太さんから「梅原くん、理事になったから」と電話があった。山崎さんは当時ＪＰＤＡの事務局長で、彼がぼくを理事に推薦してくれた。その時、ぼくは電話口でとっさに激怒した。そういう役職が大嫌いだからだ。しかし、山崎さんの紳士的な口調で「梅原くんね」と静かに諭されて引き受けてしまう。

それから15年ほど経って今度は原研哉さんに「ＪＡＧＤＡ入って

よ」と会う度に誘われ、「嫌ですよ」と断るのを漫才のネタみたいに5年ほど繰り返したある日、理事推薦枠という分厚い封筒が届き、観念して入会することになった。

結局、こんなに組織嫌いなのに、一転二転三転して両方の会に入っている人になった。そこがちょっとハズカシイ。

だけど、JPDAの理事会に行ってもやっぱり面白くない。4時間会議をしても退屈。こちらは高知くんだりから参加しているというのに、もうこんな退屈な会やってられへん。

2ヶ月に1度開かれるJPDAの理事会では、毎回イベントの事後報告を聞くのだが、長年、50〜60人程度の参加者が集まれば大成功という報告が続くことに苛立ってもいた。

ある時、ついにその退屈感が溢れ出し、「もっと面白いことをしてはどうですか。いつも50人くらいしか集まらんお勉強会にこそ、デザインが要るとちゃうんかいナ」などと口走り、「パッケージ協会のトップとグラフィック協会のトップがゴジラ対ギャオスみたいに戦う。そういうことが面白いんちゃいますか」などと啖呵を切ってしまっちゃったのである。

ぼくはどんなモノ、コトにもデザインを効かせたいし、デザインシンキングでどうしても違うことがしたい、オチをとりたいという習性がある。

そこで提案したのが「サトウとカトウ」。２つの会が対決するという危険なプランと、明解なタイトル。何かそこに強烈なメッセージがないとあかんでしょ。

募集開始からわずか1週間で２４０人の申し込みがあり、会場のキャパオーバーで締切りとなる大好評。その後60人の立ち見枠を設け、３００人の参加となった次第。

当日は事前打ち合わせも顔合わせも何もしないまま、トークボクシングが始まり、加藤さんがジャブを出して、佐藤さんが受けてヒョイとかわすという感じ。

バチンとパンチは入らないものの、そこはさすが巨匠同士、最後は「自分たちの会はこのままでいいのか」という問題提起を残しつつ、大人の分別で締めくくってくれたが、やっぱり打ち合わせなしのぶっつけ本番は本当にうまくいかなかった。ぼくの中に一抹のほろ苦さが残った。

チラシはＪＡＧＤＡの教育委員会が引き受けてくれた。

このボクシングするイラストは、ぼくがYahoo! JAPANの検索サイトで見つけたもので、サントリーのデザイナーの西田一生さんにこのイラストをサンプルに付け、描き直しとデザインを頼んだ。

すると「これ、レンタルイラストなので２５００円で借りられます!!」。なんという展開や！　ＪＰＤＡとＪＡＧＤＡの記念すべきイベントのチラシが、実はレンポジでできている。

しかも２５００円でワハハな仕上がり。これでいいのか？

誰も知らないこの事実。

こりゃ、わらうデ。

デザインの
お勉強会にこそ
デザインが要るんと
ちゃうんかい

開湯三百五十年
SINCE 1650
秘湯
鶴の湯
白湯
美人の湯
黒湯
子宝の湯
眼の湯
中ノ湯
傷の湯
滝の湯
TURUNOYU
0187(46)2139
秋田県
乳頭温泉郷
田沢湖

鶴の湯

ぼくはいつも、困っている人に頼まれて下から上に押し上げようとするデザインをしているわけで、トップクラスから仕事を頼まれることはあまりない。逆のモードやん。

だから秋田県乳頭温泉郷「鶴の湯」の主人佐藤和志さんに「ウチのポスターさ、つぐってケレ」と、味わい深いズーズー弁で言われた時、「ええっ、これは困ったな」と思った。

温泉郷には7つの湯宿があるが、「鶴の湯」は開湯三百五十年の歴史を持つ温泉で、ぼくの中では国宝級とも思える巨大な美意識の宿なのである。「こんな日本でもトップランキングのすばらしい宿にポスターは要るんかいな」と思いながら、「わかりました」と返事をした。

それは、みつばち先生（鈴木輝隆先生、218頁）と一緒にぼくと佐藤さんが花粉となって種子島に飛んで行った帰り、鹿児島空港の土産物売り場でのこと。難しいなあ、相当難しい仕事を頼まれたなと思った。

「鶴の湯」に初めて連れて行ってくれたのも、みつばち先生である。

20年ほど前の雪深い2月のことだった。

東京駅から新幹線で田沢湖まで3時間。そこからマイクロバスで40分ほど走り、そこからさらに鶴の湯へと続くブナの林の細い道を奥へ奥へと入っていく。

鶴の湯までの3・5㎞のうち1㎞はガタガタ道。秋田県から道路舗装整備のハナシもあったが、舗装しないほうが山の温泉宿らしいと、断ったと聞く。秘湯が秘湯でありたいと、あえてマイナス資源をプラスの個性にしているのだ。

そういう主人のアイデンティティが隅々にまで行き届いた宿は「これぞニッポン！」という風情なのである。

露天風呂は混浴で、夜はぼんやりとしたランプの闇の世界。

見える茅葺宿の風景は幻想的ですべてがすばらしく、雪の重なりぐあいまでが美しい。

南国土佐のぼくにとっては、風呂に浸かりながら雪がバンバン降ってくるあの嬉しさは感動もので、しかも混浴ときている。

以来、毎年、雪の深い頃に2泊3日で宿を訪ねるようになった。みつばち先生主導で毎回、多彩なゲストを連れてくる。

ポスターの依頼を受けたのは宿に通い始めて4、5回目ぐらいのころで、いざ、デザインワークに入っていくと、やっぱりできない。プレッシャーもあったが、宿の時間や歴史やソフトウェアに対してお返しするデザインというのは何の弁解の余地もない。

取材と称して何度か通っているうちに「本質」が見えてきた。開湯三百五十年、このトラディショナルな宿の長い歴史をポスターに込めるには、これはもう写真じゃない。イラストで起こす。それも1色で仕上げてしまう。色は使わない。それがこの宿にあっているのではないか。

まんなかに鶴の湯、右から左に開湯三百五十年と書くとレトロな感じがする。

ぼくが大好きな「桃マッチ」とか、まだグラフィックデザイナーがいない時代、図案家と呼ばれたような人が印刷屋の中で製版をやっていて、3色しか使っていないのに巧みに多色刷りで見せていた。

ぼくはその「製版屋の職人になるデザイン」というのを自分に課

し、コンピュータで1本1本、線を引いた。連続するラインをコピペする方が簡単だが、いやいや、ぼくは職人やで。あえて1本1本、数日間かけて描いた。

紙だけは白にしないでおこう。探したら「馬糞紙」というのがあった。ちょっとザラザラしていてベージュ色。紙の名前もええやんか。この馬糞紙1色に製版したものがのっていくということを大きなコンセプトにした。

ポスターのバリューとしてはB1サイズが一番よいし、デザイナーにとってはある意味、〝ワタシの作品感〟はあるのだけれど、この宿に貼るにはスケールが大きすぎる。宿の廊下に貼っても馴染むようにB2サイズにした。自分が勝たないことやね。

ぼくはコンクールというものに違和感を持っているので出品したことはないのだけれど、佐藤さんから2005年の日本観光振興協会の特別賞を受賞したと連絡があった。

それと同時に、佐藤さんの知り合いの草津の温泉に招待された。ババンババンバンバンと湯に浸かり、そこに泊まっている時に佐藤さんから電話があり、デザイン料の話があり、しかも宿代まで支払っ

未完成の乳頭温泉七湯・温泉サブレ

てくれていた。そのようにしてポスターは出来上がった。

ちなみに佐藤さんは「日本秘湯を守る会」の会長でもある。

ある年のこと、この宿のマイクロバスの運転手さんが「あのポスターさ、バス停に貼っとくと、すぐに誰かが持って行っちゃうんだ。だからもう貼らねえんだ」という。

原研哉さんが書いた『ポスターを盗んでください』という本があるけど、おっ、ついに盗んでもらえるポスターになったということか。しかもこんな山の中のバス停でやで。

それ以降、宿の帳場にて1枚500円で販売している。ポストカードも作っていて1枚100円。うちで印刷して60円で納品。年に2、3回、3000枚注文がくる。

ついに
山の中でも
盗んでもらえるポスターができた

ONLY

NEWSPAPER

しまんと新聞ばっぐ

四万十川の沈下橋《ちんかばし》の向こうに住んでいた。

新聞バッグを語るためには、やっぱり、このフレーズから始めなければならない。

たった3軒しかない集落で、ボクは足かけ4年、そこで暮らした。一斉清掃の日には「川原に出てください」と、村の有線放送がスピーカーから流れて山河にこだまする。

それを合図に川原に出るのだが、ゴミは落ちていない。が、ふと見上げたら2、3mほどの高さの木の枝にレジ袋のハンドル部分が引っかかって揺れている。しかも、あちらこちらにあるのが見える。それを取り除くのがボクのシゴトだった。

大雨や台風で沈下橋の上を越えるほどの大水になると、こんなふうに川岸の木々にゴミやレジ袋が引っかかってしまうのだ。

そのとき、「新聞紙で四万十川を包んだらええやん!」と思いつく。

子供の頃、お母ちゃんと買い物に行く。魚屋で、数匹の魚が盛られホウロウ引きの白い皿を一皿買う。魚屋のおやじは、大量に束ねて店先に吊るしてある新聞紙を適当にとり、それで、魚を包む。それを買い物カゴに入れる。魚でさえ新聞紙を使っていた。小学生の背の高さで見た目線。鮮明に覚えている。それを思い出したのだ。

１９９０年秋、新聞バッグの基本となる考え方は川のほとりで生まれた。

以来、ボクのアタマの中ではその考え方とレジ袋が引っかかったまま時が経ち、２００３年にようやく「四万十ドラマ」に提案する。

「四万十川流域では古新聞を包装資材として再利用することを哲学とし、流域のアイデンティティとしたい」という主旨。

まだＳＤＧｓとかサステナブルというコトバや概念が生まれるずっと前のことだ。

まず、自分でサンプルを作ろうと高知新聞で四角い袋を作ってみたが、モノを入れるとすぐにビリっと底が抜けてしまう。あかん、ボクが作った袋ではとてもレジ袋の代わりにはならない。

ある日、「四万十ドラマ」の畦地履正《りしょう》くんが、地元の主婦伊藤正子さんが作ってくれたという新聞バッグを手に提げて来る。底が何重にもなっていて丈夫で破れにくく、しかも、畦地アイデアで持ち手まで付いている。驚きの「新聞バッグ」の誕生だった。

かわいさ、便利さ、なによりエコな雰囲気もあって、新聞バッグはあっという間に人気者となっていく。

また、地元では持ち手のない新聞紙の袋を村のオバチャンたちに作ってもらい、「道の駅四万十とおわ」に卸すことで、お小遣いの足しにもなるという小さなビジネスも誕生。シゴトを作れるのもこの新聞バッグの魅力だった。

そして、この考え方が東北へと運ばれていく。

2011年3月の東日本大震災から数ヶ月後のこと、仮設住宅で仕事がほしいから新聞バッグの作り方を教えてほしいという依頼が寄せられる。仮設の小さな机の上でできるビジネスとして、四万十でやっていたことを震災が受け止めた。

以後、「四万十オフィス」は考え方やノウハウを売る。「東北オフィス」は新聞バッグそのものをビジネスとして売る。という体制になっている。チョコレートで有名なロイズから2万枚の注文を受けたり、今でもビジネスは続いている。

イタリア好きな新聞バッグインストラクターが、ミラノに提げて行った際、現地の人に「ミラノサローネに出たら」と言われたらしい。

ほら、来た、来た！　世界の人が見たら、いろんなことを感じるんや。気をよくしたボクらは事前リサーチにイタリアに行き、準備も万端に整えていたが、コロナで2年間中止。2022年6月、3年越しの夢をバッグに入れてミラノサローネのデザインウィークに出展した。

アングロサクソンのやや不器用な人たちのために、作り方を簡素化した「テンミニッツバッグ」を考案。それが好評で、世界で通用することがわかった。イタリアの商社をはじめ、すでにいくつかビジネスの話も持ち上がっているところだ。

しかし、あくまでボクらは新聞バッグそのものを売るのではなく、「世界どこでもワークショップを売りに行きます」なのだ。

コロナのおかげで、世界の人たちにオンライン講座で学んでもらえるようWEBシステムを考え始めた。

そこで、アイデアが浮かんだ。

著作権を放棄し、世界の人に、作り方をオープンにし、ドネーション方式で入金してもらう。

1ドル・1ユーロ・10元・100円。

作り方を教えるかわりに、賛同した人にはワンコインを入れてもらう方式。そのWEBを作り始めた。

新聞バッグの空想はこうだった。

ニューヨークではドライにシャープに、パリではファッションの一部として、アフリカでは頭に水瓶をのせ、片手に新聞バッグを持って歩く女性の姿が浮かんでいた。

ここに来てインターネットというテクノロジーを活用すれば、世界すみずみまでに展開できる。

砂浜美術館もだけど、この新聞バッグも気づいたらボーダレスになっていた。

四万十川の河原から
生まれた必然であって
環境活動だとか
大きな思想だと思われたくない

you
no
suke

you no suke

　どういうこっちゃ。東京原宿のおしゃれな美容師であり、スタイリストでもある人が、お店のロゴを作ってほしいという。ローカルの一次産業デザイナーの、しかも相当オッチャンの、このぼくにである。

　ぼくは電話がきらいなので、シゴトの依頼はまず代表メールに入ってくるようになっているのだが、小島友之介さんからのメールには、２０１２年にボクが出演したＮＨＫの「プロフェッショナル」をみて、いつか独立して自分の店を持つことになったらロゴを頼もうと思っていたと書かれてあった。

　つまり、ぼくに連絡をくれたということは、彼は８年かけてその独立の夢を叶えたということでもある。そして、それを実行してくれたということだ。「おもしろそうなので、やらせていただきます」と返信をした。２０２０年４月のことだ。

　それからほどなく、小島さんは東京からわざわざ高知のぼくの事務所を訪ねて来てくれた。30代後半ぐらいのなんとなくセンスのある人で、ニュージランドへ留学をしていた高校生の時に、クライストチャーチにある美容院のスタッフがみんな楽しそうに働いているのを見て、美容師を志したのだそうだ。

その後、オーストラリアを経て２０１１年、29歳のときに帰国。原宿の美容室に勤め、２０２０年8月にめでたく開業したというわけだ。ご両親も名古屋で美容室を経営していて、子どもの頃から働く姿を見てきたらしい。蛙の子は蛙なんやな。

それにしても美容の世界とはまったく正反対のような場所で生きるようなぼくの一体どこに、彼は何を見て、何を感じたのだろう。

これは後から知ったことだけれど、「プロフェッショナル」の中で、ぼくが卵のパッケージのデザインをしていて、その平飼い卵に人生を賭ける生産者の思いに共感して何度も足を運んで試行錯誤しながらデザインしていくのを見て、職種は違うけれど、これが本当のお客さんとの接し方だと思ったこと。そしてそのパッケージが人の思いや背景が詰まったカッコよく、かわいいデザインに見えて感動し、自分の店を作るときには絶対ぼくに――と決めていたのだそうだ。

ちなみに、小島さんのいう卵のパッケージとは四万十川の河口で養鶏をしている「池田なません」の「ニワトリノニワ」。ヤツもなかなか面構えのよい男であった。

一方、小島さんは一見、物腰がソフトすぎるぐらいソフトな印象の男性ではあるが、奥底に芯の強さを内蔵していることが分かる。

それに美容師さんもデザイナーやからね。デザインとして見えてくるものはある意味、表層ではあるけれど、それまで積み重ねてきた技術やアイデアや考え方や思いがある。紙と髪の違いだけだ。

当初、店の名前は「YUNI」が第一希望だった。外国ではファーストネームの友之介では呼びにくいのでユニという愛称で親しまれていたのだという。原宿のサロンでもインバウンドでカットにくる中国や海外のお客さんが多く、そう呼ばれているらしい。

ええっー、友之介、ええ名前やん。you no suke じゃあかんの？

昭和のどまんなかに子ども時代を過ごしたエモーショナルなぼくにとって、赤胴鈴之助、矢車剣之助、時代劇スター東千代之介、ヒーローはみんな、名前に「すけ」が付いていて憧れだった。中でも「介」という字はカッコいい。ずっとそう思ってきた。

縦2本の片方はかすかに左に流れ、右はまっすぐ！　この2本がスバラシイバランスでボクの頭の中にある。

部首はニンベンで「人」。縦の線は鎧の意味らしいが、ボクにはそれが2本の足のように思える。人がすっくとたくましく、正義の味方のように堂々と立っている。

「介」はよい。ドキドキする。懐が深い。その流れをそのままロゴにした。友を介する。守る人や。日本人として漢字の名の持つスピリッツを宿したロゴなのだ。

最初、自分の名前はどうかな？と、ためらっていた彼も、その「介」の字を使ったロゴを見て気に入ってくれた。

外国人には、このローマ字のロゴの正しい読み方がわからない時があるようだが、キュートに映るらしい。海外の町並みで見てもしっくり来るものをというのが、彼の要望でもあったけれど、これならイケるんちゃう。

オープンして2ヶ月後の2020年秋、ハイカラな店が恐ろしく並ぶ都会のビルの4階にあるyou no sukeを訪ね、原宿カットをしてもらった。オッチャンには、ひゃー、ドキドキして不整脈になり

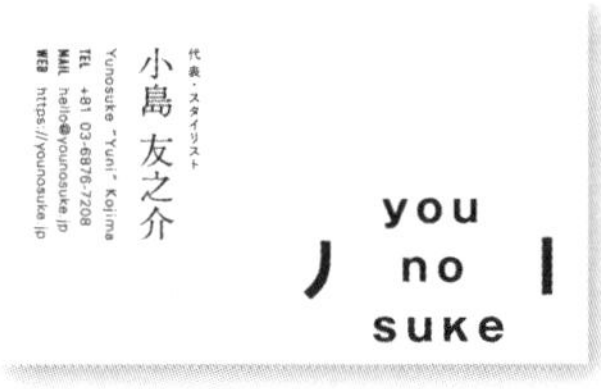

そうなエリアだった。カッコいい店だった。

彼によると、お店にぼくの本を置いて、どういう経緯でこの人に頼み、ロゴが決定したのかをお客さんに話をしているらしい。

ボクの「土地のチカラを引き出すデザイン」は、その土地、そのヒト、そのモノのチカラを引き出すデザインでもある。

you no sukeは、小島友之介という一人のニンゲンのアイデンティティを引き出すデザインになったのではないかと、ひそかに思っている。

こんなオシャレな仕事もしとるんやデ。

東京原宿の美容師が
一次産業デザイナーに
ロゴを頼んできた

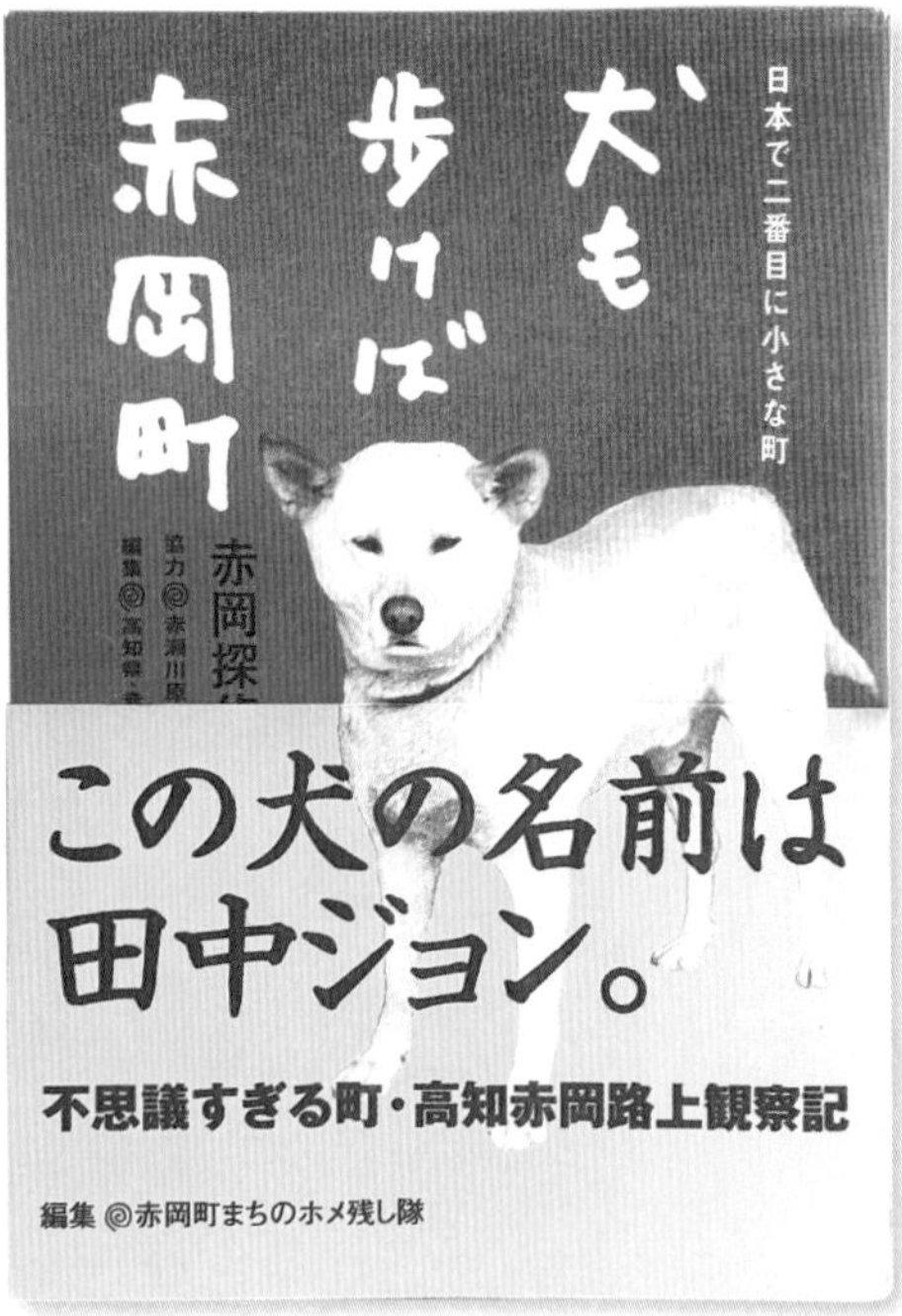
日本で二番目に小さな町
犬も歩けば赤岡町
この犬の名前は田中ジョン。
不思議すぎる町・高知赤岡路上観察記
編集◎赤岡町まちのホメ残し隊

犬も歩けば赤岡町

ずっと赤瀬川原平さんのファンだった。彼の目線や視線の先、考え方が好きで、その影響を受けてぼくのデザインの視点・思考は始まっていると自分でも感じている。

まさか、その憧れの人と高知のちいさな町の路上観察で一緒にトマソン探しができるとは思わなかった。1998年7月のことである。

きっかけはその2年前。当時、「若竹まちづくり研究所」にいた畠中洋行さんから「赤岡町のまちづくりのためのワークショップに外から視点でまちを見るブレーンとしてメンバーに入ってほしい」と声をかけられた。

赤岡は昔、土佐街道の商都として栄えた町で、今も土佐漆喰の水切り壁や赤煉瓦、厨子二階《つしにかい》のある古い商家がたくさん残っている。ぼくはこういうガサガサとした昭和の町並みが好きであり、町の人たちはエネルギーがあって面白い。

勉強になるなと思いながら5年間、足を運んだ。

そのワークショップの2年目に開催されたのが「赤岡探偵団」。このまちにどんなおもしろいものがあるのかを調査しようというもので、招いたのは「路上観察学会」の藤森照信さんだった。

それを段取ったのが畠中洋行。シャイな男だから自分では語らないが、1994年に日本建築学会賞の業績賞という都市計画に関する大きな賞を受賞している。藤森さんとは知り合いらしい。

当日、藤森さんが赤瀬川原平さん、南伸坊さん、林丈二さんら路上観察学会メンバーを引き連れてくることになり、スゴい面々が赤岡のまちをそぞろ歩くことになった。

1日目は5グループに分かれて路上観察をし、トマソンポイントを撮影。スライドフィルムを現像に出し、翌日午後から発表をする。

ぼくは藤森さんら4人のグループに5番目のグループとして入れてもらったが、わりと自分の視点レベルもイケていた気がする。

この路上観察には赤岡の人たちの面白い思考のデザインが持ち込まれていて、各グループには団長と団員のやりとりやコメントなどをメモする「記録係」、団長が撮った写真と同じ角度の写真や探偵の様子を撮影する「写真係1」、団員の視点で見た不思議ポイントやおもしろいポイントを撮影する「写真係2」などが密着配置されている。

不思議のまち赤岡には、不思議なトマソンが至るところに存在していた。

そして、ぼくはといえば、赤瀬川さんの隣りに座れただけで嬉しく、一緒に歩けてさらに嬉しく、夜、廃業となった銭湯の脱衣場を宴席に酒を飲んで喋れる嬉しさは大いなる喜びとなって、ぼくはウキウキモードだった。

本末転倒になったが、そもそも「赤岡探偵団」は、まちづくり会議などに使っているこの小さな風呂屋が売りに出され、それを買取って残すために始まったものである。

翌日午後、「赤岡不思議幻灯会」なる発表会があり、前日撮ったスライドを確認していたら、ぼくの写真はすべてカメラの設定がパノラマモードになっていた。「あちゃー」。

すると、後ろにいた赤瀬川さんが「写真を舐めているからだよ」と静かに言った。ぼくは尊崇している赤瀬川さんに叱られて感動した。

だって一言、評論されたわけやからね。

最近、その赤瀬川さんの最後の仕事が武蔵野美術大学の客員教授だったと知る。ぼくと一緒やん。さらに嬉しい。

この路上観察の一部始終を一冊にまとめたものが『犬も歩けば赤岡町　日本で二番目に小さい町——赤岡探偵手帳』(風土社)。2001年の発行で、発行者は「赤岡町まちのホメ残し隊」。

ブックカバーを外すと「歩く町　赤岡」という報告書にもなる。この活動は「ハウジングアンドコミュニティ財団」から補助金をもらっていたので、そのお金を上手に使って本を作って報告書の体裁にし、その後カバーを付けて本にしたというわけ。これもデザイン。

かくして路上観察学会の先生たちの発想にたまげた私たちは、たまげるだけでなく、よりいっそう、町を楽しむ力をたくわえ、生きていくことになった。

本は絶賛のうちに絶版となっている。

表紙の白い犬は田中ジョンさん。

日本で二番目に小さい町と書いてあるが、実はこのあと、日本で一番小さい町に昇格した。ただし、2006年に平成の大合併で香南市となる前の1年間だけのことである。

また、もう一つのカバーの帯には「この本が売れたら風呂屋が残

る」と書いたが、無事に資金調達ができ、風呂屋を移築保存することができた。めでたし。

余談だけど、その路上観察のときにレトロな散髪屋さんを見つけ、散髪をしてもらった。

役場の小松さんに「梅原さん、髪が伸びた頃に〝もうそろそろ、毛が生えたろう?〟と電話がかかってくるで」と言われた。

案の定、電話があった。元ヤクザ屋さんだったらしい。

そういう訳ありの人にぼくは惹かれる。

結局8年、その散髪屋に通った。おまけの話。

赤瀬川原平さんに
赤岡のまちの路上観察会で
叱られた喜び

四国·高知
ゆずの村
馬路村

ゆずの村

なんで村なんよ。

1986年、ぼくが馬路村のゆず酢を使ったポン酢しょうゆのネーミングとラベルのデザインを提案したとき、当時、馬路村農協営農課の営農指導員だった東谷望史さんは、がっかりした様子でそう言った。

それが「ゆずの村」。ぼくも東谷さんもゆずポン酢もまだ、海のものとも山のものともつかぬ時代のことだ。

そのころの日本にはまだ600ほどの村があって、どの村も「町になりたい村」だった。国はその村と村をくっつけて町にし、町と町をくっつけて市にした。

ぼくは当時から「村は村なんやから、村らしくしろよ」という価値観だった。村という小さな1単位が人間コミュニティーの一番幸せなスケールであって、村の規模が幸せな規模、豊かさの規模だと思い込んでいた。良くも悪くも田舎であり、田舎の個性が出ているものを都会は求めているのではないかと考えていた。

生産性オンリーでやってきた日本。村という1単位を嫌がった日本。

空想がなくなっちゃった日本。一つの幸せや豊かさのユニットのスケール感が間違っているんじゃないか。

今でも「村」という文字を見るとそう感じているし、「ゆずの村」というネーミングが土地の価値を引き出し、馬路村の生き方を決めたのではないかと思っている。

一村一品運動が盛んだった時代、このポン酢しょうゆは林業の衰退と過疎にあえぐ馬路村を救うべく、いわば地元から湧き出てきたような商品だった。

うちはゆずと生きていくゆずの村なんや！と宣言するようなネーミングにし、ラベルはちょっと絵が描ける村のおじさんがやったんじゃないの？と思わせるような素朴でヘタウマな感覚、そこを狙った。その土地の人が作るようなものがオリジナルやん。

だからイラストも文字もすべて手書き。田舎のおじさんは明朝とかゴシックなんか知らんでしょ。そのデザインがカワイイと言われることもあるが、それは山のおじさんの愛らしさでもある。

デザイン的なクリエイティブやスキルなどは使っていないので、1988年、西武百貨店の「日本の101村展」で最高位の最優秀賞を受賞した時、実はちょっとはずかしかった。

ところが受賞して注目を集め、商品がどんどん売れるようになってくると、デザインがぐんぐんよく見えてくるから不思議なもんやな。当時からデザインは一切変わっていない。

発売以来、「ゆずの村」は約1億2千万本を売り上げ、年間400万本を生産。オリジナルの一番手の強さがある。馬路村農協はポン酢しょうゆ、ゆずドリンクなど含め年商約30億円の大企業になった。

カリスマ組合長となった東谷さんは「村が独特の個性になった。これからは村の時代や。梅ちゃん、時代の先を見ちょったねえ」と言ってくれたが、見えていないものもあった。デザイン料のその先である。

当時、デザイン料は8万円だった。

売れるのかどうかもわからぬころは8万円でも高い。それがどのように機能して社会に受け入れられているかというところにかかってくるわけで、実際にドブに捨てるような百万もある。もらい方もむずかしい。

しかし30年が経ち、そろそろ、このデザインが「経営資源」であるということに気づいてほしい。と、心の中でそう思っていたので実はぼく、ずっと機嫌が悪かった。

２０１７年の暮れ、東谷さんから「ゆずの村をペットボトルでも作るので、こちらでデザインを触らせてもらってええか」と電話があった。

「この8万円のデザイン」を一つのシンボルマークとして、今までどれだけ使用してきたかということを感じていたので「東谷さん、この辺でいっぺん整理してみたらどうぜ？」と、パッと言った。電話を切った後、長年考えてきたことと、アメリカのスポーツ関連ブランド「ナイキのロゴのエピソード」を例に添え、農協の理事会にも諮ってもらえるように、きちっとした手紙を書いた。

かつてアルバイトの女子大生が35ドルの制作料でデザインしたナイキのワンマークはその後、世界に認知されるマークになり、ナイキは何年も経ってからその女子大生に株式とダイヤモンドをちりばめたナイキロゴ指輪をおくる。

つまり35ドルが数億円になった、という話だ。デザインというのは企業の経営資源としてあるわけで、そういうデザイン文化がベースにあってのことだ。

しかし、日本ではこういうことがまだまだ認識されていない。特に田舎ではそうだ。ぼくはそこと戦ってみたかった。

年明け、東谷さんから「決めたきよ。街で酒でも飲みもって話をせんかえ」と電話があった。

高知市内の居酒屋の2階で1時間ほど世間話をした後、

「ほんなら、そろそろ言わにゃいかんね」

「梅ちゃん、怒りなよ、怒りなよ」という。さあ、彼の唇がどう動くんやろと、ぼくはじっと唇の動きを見ていた。

「1千万円でデザインを放棄してくれんか」。わおっ。

デザイン料8万円が1千万円

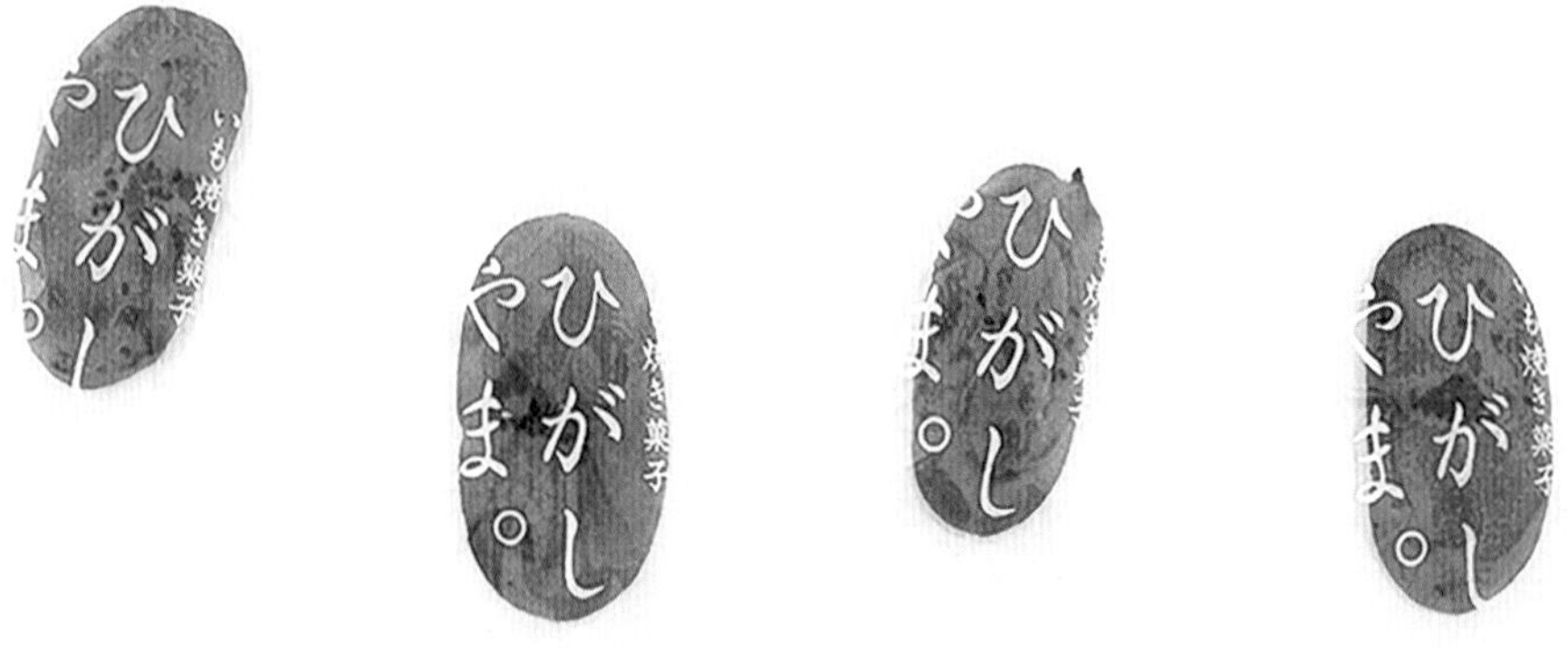
いも焼き菓子
ひがしやま。

ひがしやま

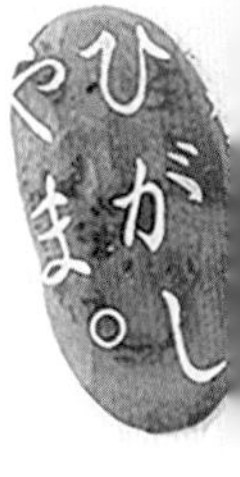

さつまいもは薩摩からカツオ船に乗って土佐にやって来た。江戸時代中期１７３５年のことで、土佐清水の港からやがて森林率84％の高知の山の隅々にまで伝わり広がった。

四万十は平地が少なく山ばかり。急な斜面は排水がよく、芋に適していた。言い換えれば芋しかできないということでもある。戦前戦後の食糧難のころは山のずっと上のほうまで芋畑で、愛媛のデンプン工場やアルコール工場に盛んに出荷していたらしい。四万十と愛媛宇和島は県境からわりと近い。

しかし林業の衰退とともに山から人が消えてゆき、四万十の流域には過疎高齢化で耕作放棄された田畑が点々と残された。

ここは驚くほどの山の中、四万十町東富山《ひがしとみやま》。

限界集落に向かう集落では、その延命措置の一つとして住民たちが「東富山ふるさとを守る会」を立ち上げて踏ん張っている。

その自治組織の中に「芋部会」というのがあって、耕作放棄された畑で芋を育て、その芋を釜で茹で、縦に切って庭先に干し、「ひがしやま」を作っては良心市（14頁）でほそぼそと売っていた。

「ひがしやま」とは土佐弁で、干し芋のことをこう呼ぶが、このあたりでは昔から、「ひがしやま」には中身がオレンジ色をした通称「にんじん芋」という、ねっとりと甘みが強い芋が使われる。

何年も耕作放棄されていた畑はひとりでにオーガニック化し、また「山畑の芋は肥料がない方がホクホクして味がええ、その方が手間もかからん」ということで、これまた自然に無農薬の道を歩いていた。

その東富山地区の取組みを知った地域商社「四万十ドラマ」が声をかけ、「ひがしやま」を売る手伝いを始めると同時に、生芋を買取り、地栗ペーストを作る自社の技術を生かして芋ペーストを試みた。

芋は糖化が早いので、ペーストにすると保存がしやすくなるからだ。しかしペーストでは売れん。

それを聞いた瞬間、ぼくは「芋焼き菓子」という新しいひがしやまを作ってはどうかと閃いた。新商品誕生まで、ほんの5秒やで。

そうすることで商品が売れれば、地域も売り先を心配せずに芋を作ることができるようになり、換金作物にもなり、小さな経済が生まれ、山の芋畑の風景や産業を取り戻すこともできる。これがぼくのデザインシンキングである。

そうして2014年、「芋焼き菓子・ひがしやま」が誕生。芋ペーストにバターと卵、砂糖、白あんを混ぜて焼き上げたオリジナル商品だ。現在はグラニュー糖から沖縄の本和香糖に変更され、さらに安心でおいしくなっている。

あえて本来の「ひがしやま」に似たカタチにしたのは、この干し芋へのリスペクトと「商品化の順番が逆になりました」という弁明でもあって、中身が見えるように透明な袋に、かちっとした教科書体のような白の文字で「ひがしやま」と印刷した。

ぼくは田舎のものによい洋服を着せすぎてはいけないと思っている。メッセージが多くてもいけない。

その商品名の肩に「芋焼き菓子」という小さなコトバを添えているが、実はみんな、そこを見ている。

芋焼き菓子ってなに？と、メインではないサブの方に強烈なメッセージある。ネーミングが75％、コトバがデザインなのだ。

四万十ドラマの畦地くんが、コロナ禍で販売に苦戦を強いられていた2020年9月、「坂上&指原のつぶれない店」というテレビ番組に出演するという好機を得て「成城石井」で売っていただけることになった。

「成城石井」と山奥の「ひがしやま」がつながった。地域ではあたりまえの「にんじん芋」が、実は全国ではマボロシとも言われる希少な芋であることが高く評価され、これが予想を上回る人気となる。

ある日、東京の友人からメールで1枚のスナップ写真が送られてきた。それは成城石井の売り場だった。

「お一人様、一枚と限らせていただきます」。一袋ではない、〝一枚〟しか買えない「ひがしやま」へのストレスクレームだった。

8年前、300キロから始まった東富山の芋も3トンに増え、さらに流域の集落へと広がりつつあり、現在は10トン。四万十ドラマでは市場価格の2、3倍の単価で買い上げているから、米を作るより絶対によい。

芋は四万十のこの地に合った作物であり、それが地域の小さなビジネスに育っていく。ぼくが考える「地のチカラを引き出すデザイ

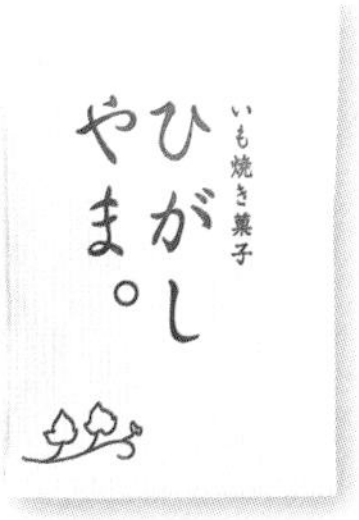

ン」は、こうして「しまんと流域農業」へとつながっていくのだ。

今、原点にかえって昔ながらの山のおやつ「ひがしやま」を売り出そうと試作を重ねているところ。

その土地に合う商品があれば、継続してアウトプットして、社会が受け止めるような形にしていく。カツオのタタキも本来の藁焼きに戻したら世の中が反応した。ぼくにはそういう経験がある。

今までローカルはその力があまりになさすぎたのではないか。世の中がだんだん寛容さを失っていく中、こういった食文化を含め、この「本来」というところがどうしようもなく消えていく。

「では、原点のこれはどうですか」と世に問うつもりだ。

田舎の商品に
よい洋服を着せすぎてはいけない

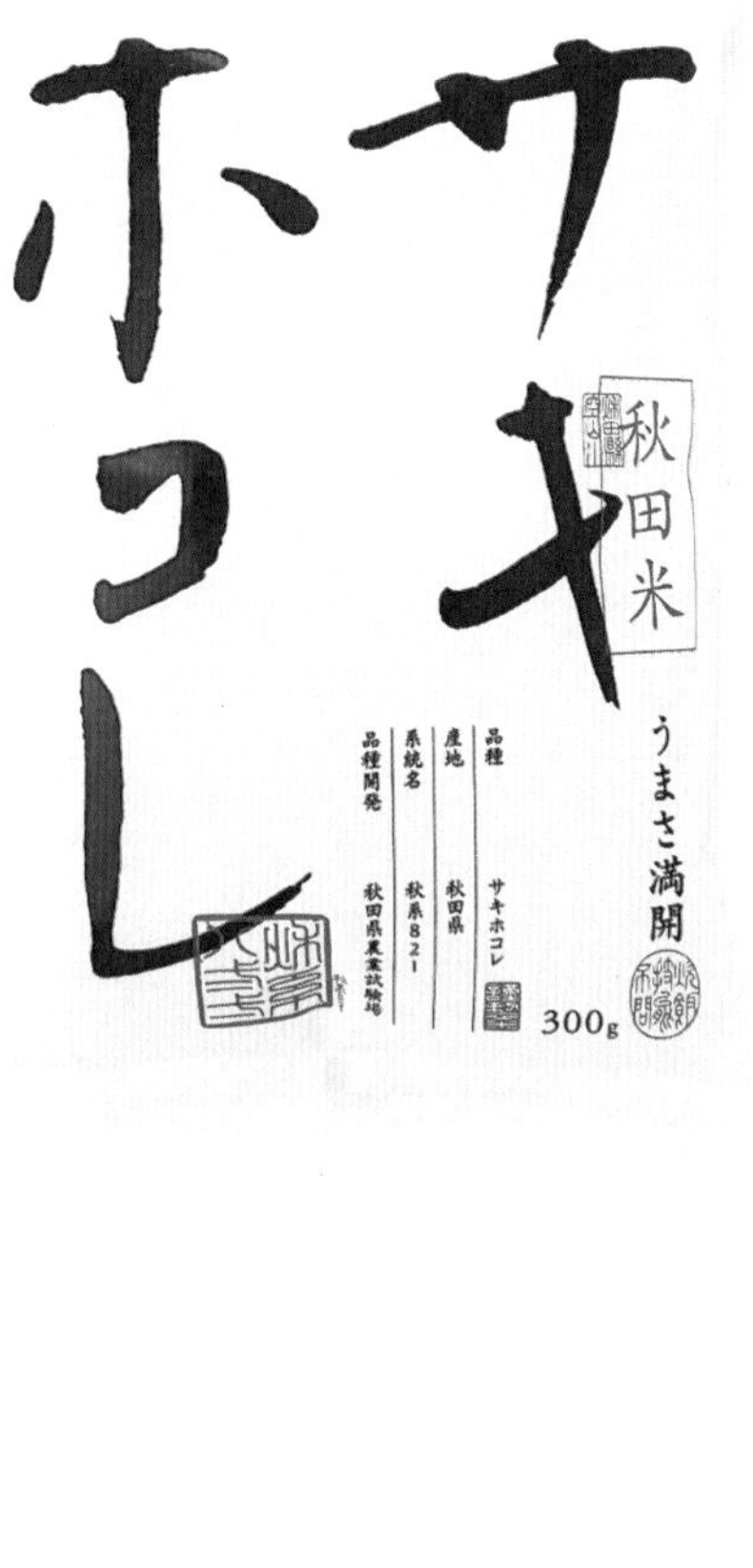
サキホコレ
秋田米
うまさ満開
品種 サキホコレ
産地 秋田県
系統名 秋系821
品種開発 秋田県農業試験場
300g

サキホコレ

秋田県のスーパーバイザー10年目、そろそろ任期も終わりかけた2019年1月、ボクは秋田県庁の会議室で打ち合わせをしていた。そこに佐藤正康さんが台車に炊飯ジャーを2つ乗せてやって来た。

「梅原さん、新しくできたお米を食べてください」。

そういって炊飯ジャーをぱかっと開け、ほかほかのごはんをボクによそってくれる。しかも2種類の米。

どっちがおいしいですか、と問う。

ボクは高知の人間やぞ、ごはんのふるさと秋田の人のように、微妙なごはんの味の違いはわからん。

こっちのような気もする。と、少し弱気に言ってみる。

もちもちとした食感で粒感があり、甘みも香りもうまみもほど良い。実は、この米が「サキホコレ」。この時はまだ秋系821と番号で呼ばれていた。

「あきたこまち」から35年ぶりに秋田農業試験場が開発した新品種

で、コシヒカリを超える極良食味品種をコンセプトに12万株の稲から選んだ1株。秋田オリジナル品種をベースにしたもので、秋田の地力のすべてが詰まっている。

ガラガラと台車を押して来た佐藤さんは、ボクがスーパーバイザーになった当初、あきたびじょん推進室にいた人。今は農林水産部水田総合利用課秋田米ブランド推進室で、この新品種の米の担当だ。

それにしても、自分でごはんを炊いて「食べてくれ」と言ってくる県庁マンなんて、なかなかおらへんで。

ボクはこういう熱量のある人の頼みには押され弱いタチで、スーパーバイザーの任期終了後、なんとこの米のブランド総合プロデューサーに就任しちゃうのである。

その米の仕事は役所恒例の〝ネーミング公募〟から始まった。山形県の「つや姫」という米のネーミングは5万件の応募がきたので、秋田県も5万件はクリアしたいのだというが、その募集チラシがよくない。佐藤さんと広告代理店の人に秋田から高知まできてもらい、デザインをやり直すところから関わることになった。

「地力」と字を書いて田んぼと米のビジュアルがあればええんちゃ

う？　こうしてや。

２０２０年４月公募開始。フタを開けたら予想を大きく上回って応募総数25万８９３件！　その中からまず20件を選ぶのがボクの役割で、これがもう大変だった。

どこに行くにもiPadを提げてゆき、飛行機の中でも電車の中でもとにかくスクロールして見る、見る、見る。２週間かかった。

20件にたどり着いた段階で「秋田米新品種ブランド化戦略本部名称選考部会」で、さらに6点に絞りこむ。料理系雑誌や米穀専門誌の編集者、農業関係団体の幹部ら6名が決め、それを佐竹敬久知事に渡し、後日、知事采配で決定するという流れ。

その6点の中で、「稲王」という名前が巷では人気で、選考委員の中にも「稲王じゃないと絶対に売れないよ」と豪語する人もいた。

ボクはコロナが収束した時に「サキホコレ」という名前の方が明るく、広い世界観を持っているんじゃないかと思っていた。

ボクが10年間見てきた秋田県の人たちはシャイな人が多く、自分たちが稲の王様だと威張ったような名前は似合わない。

「稲王」vs「サキホコレ」。名称によって商品の性格は相当変わってくるし、米の運命、未来が大きく違ってくる。

いよいよ、最終選考。結果、知事は「サキホコレ」を選んだが、米の名前はずっと残るものなので、最後は夜も寝られず考え抜いたとおっしゃっていた。

サキホコレの応募者は2名。くじ引きで、1名が賞金100万円をゲットしたらしい。天下分け目みたいな抽選やな。

ネーミング発表会は東京で行い、秋田出身の佐々木希さんにお願いをする。

続いてパッケージのデザインコンペ。ボクはデザインをせず、5社をピックアップ。デザインはどこに着地するのか。9点の作品から日本デザインセンターが選ばれた。

自分で「プロデューサー」と口にするのはちょっと笑えるけど、このポジショニング、結構忙しい。続いてコマーシャルキャラクターの選考。ボクはタレントさんを使わず、現場の人がよいんじゃないかと思ったけれど、これはボクの思考回路のパターンであって失敗は許されん。協議の末、秋田出身の壇蜜さんに決まった。お会いしてみると、やわらかで匂い立つサキホコレに似た秋田美人だった。

２０２２年10月29日の本格デビューを前に、９月、ポスターやコマーシャルの撮影が東京の東宝スタジオで行われた。デザインは原研哉さん、スチール写真は超有名な上田義彦さん、ムービーは天下の電通だ。

ボクは常に東京あたりのセンター組には何やら反骨な思いを持っていて、大手代理店には「中央からローカルを仕切るから日本が全部いっしょになる」とヨロシクない感情がある。

そのボクがプロデューサーとして仕事をしていることが、ちょっとサキホコレたような気分もして愉快に思え、それをまた、面白く思っている自分の小ささが滑稽に思えて自分を笑う。土佐のオトコは厄介。

「サキホコレ」と「稲王」
名称によって
米の性格、運命
未来は大きく変わってくる

な
いも
の
ない

ないものはない

ボクは端っこが好きだ。

できるだけ中心から遠いところに行きたい。だから日本海に浮かぶ島、海士町《あまちょう》に行くのは嬉しい。

ただし、打ち合わせに行くにも道中いろんなことがある。

高知から大阪へ飛び、そこから島根県隠岐の島に飛ぶ。隠岐諸島には島前《どうぜん》・島後《どうご》があって、隠岐の島の空港は島後にあり、島前の海士町まではフェリー。ただ便数が少なく、待ち時間が4、5時間もある。

そこで役場がボクのためにチャーターしてくれるのが漁船。

空港からタクシーで波止場まで行き、その防波堤の先っちょに立って待っていると、漁船がポンポンポンポンと迎えに来てくれる。これに乗れば約40分で着くので時短にもなる。

だが、ボクは相当な雨男なので、だいたい天気が悪く、海も荒れるし波高し。当然、船酔いし、日本海にドヒャアアッと嘔吐する。

こういう経験を何度も重ねるうちに、ボクは漁船の窓を開けて吐き、パッとすばやく閉めるというテクニックをマスターしたのだった。

1990年ごろ、リクルート社の玉沖仁美さんの誘いで国土交通省の「半島振興法」による半島資源調査のメンバーとなり、4、5年かけて23の半島の端っこまで回った。

なかなか行かないような端っこばかり行くので本当に面白く、勉強になった。その延長上に離島があり、ボクが今まで行ったなかで一番大変なところが海士町だった。

その調査つながりで海士町とシゴトをするようになったのは、1997年。最初に手がけたのが「島じゃ常識 さざえカレー」である。

牛肉を入れたいけど、島では周りでたくさん獲れるさざえを入れる。なんとユタカなことだろうと思うのだけれど、島の人にとってはコンプレックスで「〝島じゃ常識〟はイヤだ!」と何回も拒否された。

結局、1999年にやや見切り発車的に発売したのだが、それがすぐにヒットしてバンバン売れるようになり、3年も経つと、それが横浜カレー博物館のランキング一位になっていた。今でも毎年2万食を売り上げているらしい。

良くも悪くもそれが土地の個性。その個性の上に自分たちがどう生きるかを考える一つのきっかけになったのではないかと思う。

そして2011年に生まれたのが「ないものはない」。

そういう意味では、海士町はこの「島じゃ常識」で始まって、「ないものはない」でアイデンティティを得たことになる。

実は「ないものはない」にたどり着くまでにも道中があって、役場からの10年ぶりの依頼は「名刺を作りたい」ということだった。

でも考え方もなく、ぼやあっとしているわけ。自分たちのアイデンティティを乗っけるのが名刺だから、コンセプトを考えましょう。そこから始まった。

島にはコンビニがない。デパートもない。スタバもない。信号は1つあるだけ。島の人たち、特に、島で〝なまこ業〟を営む宮崎雅也くんと話しているうちに、このコトバが浮かび上がってきた。

ニッポンの端っこの、しかも小さな一点の離島から、ちゃんとしたことを言えよ。ないものはないと言えよ、と。正直にそう言い切ってしまえば悲しくない。

でも、ここには大事なものがすべてあるよ。ないものはなくていいんじゃないの？　東京のあんたたちこそ、取り返しのつかない、ないものはないんじゃないの？

というふうに、島から自分たちのメッセージが天に届くようなエネルギーを持って日本列島に向かって叫んでいる。

島という考え方を持てばこうなるんです。

ローカルは自分たちの考えを持たずに、国や県にお恵みくださいなんとかして下さりますでしょうねーと、上目遣いで待っているからボクは怒りたくなるわけで、「ないものはない」は普段から自分がローカルに対して思っている皮肉でもあるのだ。

以来、離島海士町の本質を語るコトバになった。

そしてこれは本質を得ているがために、２０１４年には第二次安倍内閣の所信表明にも出てきたり、２０１８年に香港理工大学の学会で研究発表がなされたりと、いつしか島の在りよう、自分たちの在りよう、世界の在りようを考えるための一番のキーワードになっている。

海士町は２０２１年、ブランドサイトをオープンして、持続可能な社会に必要な価値観として、世界に「ないものはない」を発信している。

海士町はまた、教育でも成功していて、発展途上国から視察に来る。港には「ないものはない」のポスターが貼ってある。みんな意味を聞く。

We have nothing. We have everything.

と、翻訳するうちに海外の人にもそのコンセプトがバキュンと心に刺さってハマってしまい、フェリーで帰るときに、「さようなら」ではなく、「ないものはなぁーい」と言いながらデッキから手を振るらしい。

海士町の人たちが自分たちの考え方として積極的に使い始めたからか、外国人がそのコンセプトに共感してくれるから、そうなったのかは分からないけれど、なにか胸に来るものがある。本質は国境をパッと越えるんやな。本当のことはローカルが言え。

ないものはない
そしてボクは
日本海に嘔吐する

ZIGURI
FRIENDS
ZIGURI
FRIENDS
ZIGURI
FRIENDS
ジグリフレンズ

ジグリフレンズ

産業というのは不思議なもので、四万十の山を見ながら栗があるなあ、これ、なんとかならんかなあと思っているわけ。

でも、なんともならないわけ。

十和村は平成の大合併で四万十町という名称に変わったが、かつて、ここは栗の村だった。

今でも山に一番多いのはヒノキで、次いで栗。

しかし、農業の自由化で値段が安い中国産に押され、競争力を失った山は栗林を見捨てた。以来、十数年以上も栗の木が放置されたままになっていた。

ある日、山でその場面を見たとき、〝なんとかせにゃあかんし、なんとかできるんとちゃうか〟と、アタマの中でエンジンのスターターみたいなところのスイッチが入って、いきなり回転し始めた。

この栗林は長い間放棄されたお陰で、土壌から農薬や化学肥料もすっかり抜けてクリーンになっている。

そこで育つ栗はつまり、オーガニックということやんか。

こうして「しまんと地栗《じぐり》」は「四万十の荒れ果てたこと」を価値にするというアイデアを出発点に、産業としての栗の再生に向かって歩み始めたというわけだ。

これがなかなか売れている。

ある年の瀬、四万十ドラマの畦地くんが「栗が足りません」と言いながら、うちの事務所に入って来た。テーブルに着くまで5歩。その間にボクはとっさにこう言った。

「丹波から借りて来い。おたすけ地栗や」。9月に収穫した栗が売れ過ぎて12月にはもうなくなったのだという。

だが、足りないからと経歴詐称をしてはダメ。結局はそれが偽装の話になってくる。田舎者の愚直さで「丹波から借りてきました」と正直に言ってピンチをしのぐ。ないものはない。それでよい。

その「おたすけ地栗」から丹波の栗、四万十の栗、岐阜恵那の栗の3個セットで「食べ比べ」という企画が生まれ、大ヒット。今度は岐阜、熊本、高知で行くからパッケージがほしいと、畦地くんから依頼が来た。

そこでアカンヤンカマンのボクがガツーンと出動することになる。

「こんな食べ比べ、どこが面白いんや。売れるわけないやん。地栗と地面の地がついている限り、ピンポイントの栗じゃないとおいしくない。そこがわかってないんや。あかーん!」。

と、怒って2週間後、「見つかりましたぁ」と電話がかかってきた。畦地くんのすごいところは、元野球部のエース投手だっただけに体育会系の縦のような関係に従順で、年上のボクには言い訳もせず、すぐ動く。それがうまくやってこられた理由でもあると思う。

その栗は、熊本県和水町《なごみまち》の「なごみ栗」と宮崎県小林市須木の「すき栗」。「それ、それ、それやー」とデザインしたのが「ジグリフレンズ」〝すき なごみ しまんと〟。

あらたに「ジグリフレンズ」という名称にしたのは、栗があるところと友達になればタッグを組んで商品にできるし、3個セットにすることで高知は1個でよくなるので、栗が足りなくなるという事態も避けられる。ローカルの仲間同士で助け合うこともできる。

デザインというのはそうやって一瞬にしてできるものであって、それが商品開発でもある。

デザインシンキングの面白いところだ。

でも、自分から「ジグリフレンズです」というのは妙に気持ちが悪い。そのコトバがパッケージで読めても読めなくても気持ちが悪い。だから、デザインはちょっとたのしくハズしてある。

文字はいわゆる一発描き。

自分でも2回描けないものの方が面白いし、雑なところが田舎らしい。その感覚は直感的なものであって、ボクはそういうアタマの回転数になっている。

こうなってくると、もう工場がないとあかんやろ。

ボクはベンツ社のように、山の栗林の中に工場を作りたかったが、山林に工場を作るには、地目の変更手続きに数年もかかるという。

結局、四万十川沿いにあるタイミングよく廃業したパチンコ店を改造し、そこを地栗工場にすることにした。

2021年5月に竣工。工場はガルバリウムと木のトビラでできていて、このトビラから毎日トラックがバンバン首都圏に出ていくというイメージ。

実際は予算の都合で、トビラはフェイクで開かないが、木はホン

SHIMANTO ZIGURI FACTORY
2021年５月工場完成

モノの村内産しまんとヒノキだ。
工場は高知県版ＨＡＣＣＰ認証も第３ステージまで取得していて
国際認証にもマッチしたレベルだ。
工場を作っている間、スマートフォン対応のeコマースサイト・
SHIMANTO ZIGURIストアを作った。
都会からの注文は携帯でワンクリックで買える。
コロナ禍が追い風となった。フル活動して商品が売れていってい
る姿がある。
社会の動きが少し変わって、田舎の方が少し先どりした感じがする。
ローカルのほうにこれからの未来を見ていく目があるのではないか。
土地のチカラを引き出すデザインが見えてきた。

荒れ果てた栗山を
価値にする
デザインシンキングの
面白いところ

瀬戸内海ひうち灘
いりこ
いりこ・ちりめん
やまくに

いりこのやまくに瀬戸内際

ボクは、暮らしの原点にある商品にはあまりいろいろと語らせるべきではないと思っている。

たとえば、いりこの「やまくに」の量り売りのパッケージ。なーんだ、ただの白い紙に筆で字を書いただけじゃないかと思うかもしれないが、デザインを作り込んで、これ、すごいねと言わせるようなものでもないんじゃないの。ボクはそこに反発する。

いりこです、瀬戸内です、やまくにでーす。むしろ、情報はこれだけでええんちゃうの。

いりこが社会に出て行って、どういうふうに使われていて、お味噌汁にどう入っていくのか。ボクは一連のものだと捉えているので、カッコよく作ってやろうとはまったく思っていない。

足していくデザインよりも、引いていくデザイン。

情報を抜くことのほうがおいしさが出てくると思っているし、そういう感覚が自分のカラダの中にある。

いりこの「やまくに」は、香川県観音寺市にある創業明治20年という老舗。知人の紹介でここの仕事をするようになったのは2010年のことだ。

そのとき、倒産の危機にあった工場はすでに差し押さえとなっていたが稼働はしていて、オヤジの山下公一さんに代わって娘の加奈代さんが社長を引き継いだばかりだった。

沖合に浮かぶ伊吹島のまわりは海流がおだやかで、骨や身がやわらかいカタクチイワシが育つ。昔ながらの無添加で、いりこの鮮度がそのまま煮干しになっている。

その干し上がった小さないりこのエラとハラワタを、いちいち手作業でとるのが「やまくに」の身上で、この安心感と実直さと丁寧さが間違いなくダシをうまくする。

うちも味噌汁はいりこからとったダシが基本で、カミさんが夜寝る前に水を張った鍋にいりこを4、5匹入れて一晩置き、翌朝、味噌汁を作ってくれる。鍋に具を入れ、味噌を溶き入れるだけでほんとうにうまい味噌汁になるのだ。

しかし、なんでもがインスタントな時代に押され、こういったスローなものが時代遅れとされ、社会からどんどん退場して行っているのが実情。そして、ボクはこういう絶体絶命の「瀬戸際」に立つ人や食材を見捨てられないのであーる。

と、こんなシリアスな状況下でデザインをしていくことになったわけだが、もちろん、それまでにもいりこ商品があった。

それを見ながら、なぜ売れなかったのか。一から考えはじめる。

まず、買ったいりこはキッチンのどこに置かれるのか。冷蔵庫の中にそのまま入れるのか、冷蔵庫の中でもドアポケットのほうに置くのか、シンクの下に置かれるのか、それとも別のガラス瓶で保存するのか。そこに置かれた場合、情報は要るのか。

そもそも日常の毎日商品に、業者さんが自分でお客さんに向かってベラベラ語ってワイワイ言うのはどうなんだろう。

情報が最小限のもののほうが信頼性もあるし、それが「おいしい」と感じる。これがボクのマーケティング理論。

世の中はすごいお金を使って大勢の人にマーケティングリサーチやアンケート調査を行なっているが、ボクの場合は逆で、自分の体内を通過して行なう「一人マーケティング」が基本。

自分のフィルターを通ってきたものを分析してアウトプットしていく。

ボクはこれを「体内マーケティング」と名付けているが、常に見た瞬間にパッとひらめく「直感マーケティング」でもある。

「体内マーケティング」というのは、自分の生活感や普段生きている環境とリンクしていて、たとえばボクは高知に住んで、日々の三食を大事にしながらベーシックな暮らしを営んでいる。

うちのカミさんが作ってくれるごはんはおいしく、結婚して彼女によって作られた体内マーケティングもあれば、日曜市や自然といった風土がつくるもの、子どもの頃から影響を受けてきた体感や体験がベースにあるから、暮らしの中にある商品の姿というのは本来、こういうものではないのかなと、おのずと本質が見えてくる。

それが、あの「なーんだ」な、いりこの袋のデザインになるというわけだ。

世の中に商品として出して、これが売れるか売れないか。案外、大がかりにマーケティングしたものよりも確かな場合もあって、今のところ、あまり失敗したことはないからこの理論で通している。

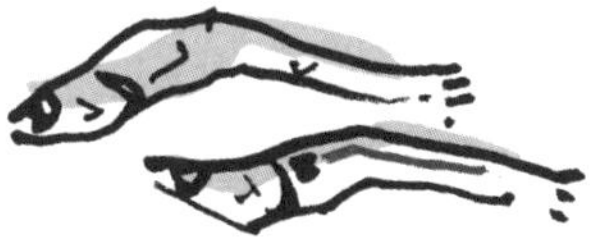

「やまくに」とのお付き合いも10年以上になるが、「いのちのスープ」の辰巳芳子さんをはじめ、食に思いの強い一定層の人たちに支持され、毎年、松屋銀座の「手仕事直売所」に出店するまでになった。デザインの力もあったかもしれないが、そのデザインを使いこなすいりこ親子のエネルギーがあってこその現在地だとも言える。
コロナ後のいま、もはや時代遅れなのはボクたちの方ではないかと、ふと、いりこに聞いてみたくもなるよねえ。

いりこです
瀬戸内です
やまくにです
情報はこれだけで
ええんちゃうの

砂浜美術館

高知県西南部の海のまち大方町《おおがたちょう》（現・黒潮町）に「砂浜美術館」が、沖のニタリクジラを館長にオープンしたのは1989年8月だった。

その3ヶ月前の5月半ば、町役場企画調整課の松本敏郎さんと教育委員会の畦地和也さんが町の総合振興計画の原案を手に、ボクの事務所にやってきた。そのデザインをしてほしいという。

はい、わかった。

話は10分ほどで終わり、そこからボクがいきなり怒り出す。

数日前、とある村で大物歌手のコンサートが開かれ、村おこし大成功！という新聞記事を読んで、行政にも地域にもムッとしていた。

彼らはキョトンとしていた。そりゃそうや。何にも関係ないのに同じ行政担当者というだけでトバッチリをくらっているんやからな。

今でも彼らはその時のことをくっきりと覚えていて「会うなり、お前らバカか。行政はナニしてんねん」とか、「自分たちの町のことを人に委ねてコンサートやってるんじゃねーよ。芸能プロダクションか」と叱られたと笑う。今や、町を担う町長サンと教育長サンだ。

ボクは常にアホちゃうかと、まず、結論を先にいう。そこからビコーズ、なぜならばから始まる。そこで相手がしゅんとなってしまったら、その先から何も生まれない。

怒りモードのボクと彼らとの論争は4時間続いた。なんや大方町のモンも元気があるやんか。

ところで、あんたんとこの砂浜でこんなことせえへんかと、Tシャツアート展の提案をする。

東京でカメラマンをしている知人の北出博基さんが、滋賀県彦根の蔵の中でだらーんとしたTシャツ展をやっているのを見て、ボクは子どもの頃に見たニュービーズのCMのように青空の下でパタパタと気持ちよくはためかせてやりたいと思っていた。

そのTシャツ展、うちでやらせてもらいます。そう言って彼らは帰って行った。

ほどなく、当時の坂本町長に会うことになり、その席に居合わせた職員の浜田啓さんが「Tシャツだけでなく、何かいろんなものが作品と思ったらええんじゃないか」というようなことを言った。

それを聞いた瞬間、ボクは「できた！」と膝を打つ。

自分の中で空想していた「砂浜美術館構想」が秒速でぐるぐると動き始めた。急いでそれを企画書にした。

「私たちの町には美術館がありません。美しい砂浜が美術館です」。ものの見方を変えると、いろいろな発想がわいてくる。4キロメートルの砂浜を頭の中で「美術館」にすることで新しい創造力がわいてくる。

役場のファクシミリにカタカタカタと送られてくるその一文を見ながら、彼らは驚き、身震いしたらしい。

そこからの彼らの動きたるや、凄まじかった。「面白いことするけん、集まらんか」と、町の元気もんに声をかけ「砂美人連《さみっとれん》」という実行部隊を結成。まず地域で人を集め、民間グループを作り、行政に挙げて町長の意思を問う。町を動かしていく仕組みを作ってしまった。

こうしてたった3ヶ月で「砂浜美術館」ができあがっていた。

またたく間に全国から注目されるイベントとなり、現在、来場者数は3万人ほど。毎年、えっ、まさか、こんな田舎に!?と驚くほど、そうそうたる審査員たちがこの砂浜にやってくる。35年が経ち、砂浜美術館は一つの文化になった。

　タイトルに掲げている「ひらひらします」というコトバは何の意味も持っていないが、何の意味も持っていないところに実は大きなメッセージがあるわけで、ひらひらはその入り口。この海の向こうに大事なことがあって、これでよいのかと砂浜から地球のことを考える。

　本質的なものはいつの時代も変わらない。この根っこにある普遍的な考え方もなく、ただTシャツを並べただけではここまで続かなかった。

　もちろん長い間には運営側の思考やパワーがやや停滞したり、エネルギーの段差が生じたりもする。そういう時期に「西村由美」という人がやってきた。JICAでモンゴルのウランバートルで教員をしていた時に、モンゴルの草原でTシャツ展を開催。帰国後、砂浜美術館に参加し、「この風景の向こうになにが見えるのか」という考え方を世界18ヶ国に広げてくれた。とても感謝している。

　ところで最近、ボクは「砂浜美術館プロデュース」と言い始めた。口にするまで30年以上かかった。僭越だし、恥ずかしい。でもこのコトバだと一言で済む。

ボクは前に出てはダメだと思っていた。自分がプロデュースしたと言って焦点が当たったら、この町おこしは台無しや。町民が自分たちの力でやっている。この町に住んでよかった、この町が好きだと微笑むことが一番幸せなんじゃないの？と考えているからだ。
まだまだ、この４キロの砂浜を使ってできるコトはたくさんある。そのためには勉強も要る、エネルギーもカロリー数も要るが、砂浜美術館をロングライフデザインにしてきたのは、この町自身である。だからボクは彼らを信じて怒り、一喝し、励まし続けるのだ。
人間の脳とアイデアと思考は一瞬にして世界を変える。頭の中をちょこちょこと接触させるだけで、１秒でコトは変わっていく。
砂浜美術館を通して、ボクはこんなことも伝えたい。

考え方があれば
いつかそれが文化になる
砂浜美術館は
それを教えてくれた

マイナス×マイナス

ぼくはデザインに関してあまり理論的なものを持っていないけれど、「マイナス×マイナス＝プラス」という理論は自分の中に確かなものとしてある。

最近、あらためて強く感じたのは２０２２年12月に「公益財団法人日本デザイン振興会」からの依頼で「山水郷チャンネル」というYouTube に出演したときのことだ。

なぜ、ヘンテコリンなタイトルの番組に出演することになったのかというと、遡ること1ヶ月ほど前の11月。

高知市で「しまんと流域農業organic シンポジウム」を開催した。その会が終わった後、ゲストコメンテーターでもあった神井弘之さんと東大の同級生だという人物が声をかけてきた。

それが日本総合研究所創発戦略センターのシニアスペシャリストの井上岳一さん。『日本列島回復論——この国で生き続けるために』（新潮社、２０１９年）という著書をぼくにくださった。そのご縁で、彼がホストを務めているYouTube番組に出演することになったというわけである。

その番組配信中に井上さんから「マイナス×マイナスの話をされた。なぜそうなのですか」と、ライブにつっこまれた。

おっ！と思い、なぜ、自分はマイナスに焦点が合っているのかなと高速で考えて質問に答えた。確かにその話は自分が喋るときの中心になることが結構多い。

たとえば、ゆずのはなし、くりのはなし、カツオのはなし、砂浜美術館のはなし。「もうダメだ」という絶体絶命のところが実は一番新しい価値を生む場面だということを、ずっとやってきた。

カツオのはなしは、ぼくの事務所に一人のカツオ漁師がやってきて、過酷な船上でのビデオを見せられたことに始まる。10ヶ月間、海という液体の上で生活をするわけで、これはすごいなと思った。その過酷なものから目を背けずに、そこに勇気を持ってマイナスをかけることがプラスになる。過酷に一本一本釣る、その効率の悪さはまさにマイナスやんか。

そのマイナスに「藁で焼く」という、さらに効率の悪いマイナスをかける。マイナスのものに急にガスという安定したプラスのエネルギーを与えて、大量に焼こうと考えるからダメなのではないか。

昔、ばあちゃんが藁でカツオを焼いてくれた。「ガスで焼くより藁で焼いた方がもっとおいしいぞね」と本能的に知っている。

タタキを作る大きなコンセプトがそこで生まれた。その確たるものはぼくの身体の中にあって、マイナスにプラスをかけたらアカン。マイナス×マイナスはプラスやなと実感した。以来、それがぼくの法則となったのである。

カツオと同じ時期に「砂浜美術館」の仕事をしていた。４キロの砂浜しかない、産業がない、農業しかないと嘆くだけの町の行く末には１９８０年代末に制定された「リゾート法」に歩調を合わせる方向もあったし、実際、開発に乗り出す気配もあった。

ぼくは何もしないほうがよい、このままのほうがよいと思っていた。今の時代の価値観だと自然のままというのはプラスのイメージではあるが、当時は全くそうではなかった。むしろ、リゾート法でプラスにしてくれよと言っているように、ぼくには聞こえた。

ただ言うだけではクリエイティブはない。よい戦い方ではない。

ということで、棒と麻のロープさえあれば、砂浜にTシャツをひらひらさせることができ、一定期間終われば、また元の砂浜に戻る。おまけに砂浜にあるものすべてが作品でしょうということになる。そういう理論を考えた。

それをどうデザインすればよいか。その時にも「マイナス×マイナスはプラス」の理論が頭の中にあった。

マイナスはマイナスのまま、マイノリティーなものはマイノリティーのままでいいのかい。そうではなく、マイノリティーが豊かな暮らしをしていける方法があるだろう、それを探していこうという思いとアプローチが、自分のデザインの方向性の中にものすごくある。

一本釣りというマイナスに勇気を持ってマイナスをかけることができたから、今があり、何もしない、このままがステキじゃないかとクリエイティブに解決できたから砂浜美術館があるのではないか。

シマントジグリもそうだった。世の中の視点から見たらマイナスの荒れた栗山だった。そこに要らないものを足さない、引いていく無添加というマイナスをかけた。栗と砂糖だけ。砂糖も精製していないものを使っている。

商品の裏表示を見た時にお客さんが安心するようなものを売る。人間の生理に合うことが豊かなことで、保存料で3ヶ月持つことが豊かだというのは経済から見た視点や。

もうダメだという諦めやコンプレックスを逆に考えたら、自分たちの新しい価値が見えるんじゃないの？　そこから明日も見えてくるんじゃないの？　と、ぼくはいつもみんなにそう語りかける。

もちろん、マイナスにマイナスをかけても、マイナスのまま、どん底に行っちゃったよねというケースもある。マイナスは負のイメージが強い。けれど、そこに大きな知恵と思い切った勇気がないと、プラスになんてできるわけがない。

$$(-)\times(-)=(+)$$

マイナスにプラスを
かけたらあかん
勇気を持ってマイナスを
かけるんや

たから）で、村上さんのお話を
ように必死だったけど、とても
したー。よかったー。

まねさえできないこと

香
服
出
しゃ
た。
出来
も
エ
の
ヤ
ーズンの初めに着る服だけをク
して、毎朝その中から選ぶ』って
けど、クロゼットに残したのがシ

和香さんの赤いシルクのコートは
パリでイタリアのデザイナーのダニエラグレジスのを
買われたもの。もうすごーくよくて よく似合って
おいでだった。

と捨
たい
〇
仕
ック
を刺
焼い
ブン
りは
ぞれ
う
う会
い。
な

『住む』No.37 より

ダニエラ・グレジス

初めてダニエラ・グレジスさんに出会ったのは、本人ではなく、彼女の作った一枚のコートだった。妻と2人で表参道を歩いていて「ジャーナルスタンダード」というお店に入った。

そこの壁に紺色の一枚のコートが飾られていて、それを見た途端、ぼくらはひとめで気に入った。それは派手ではないけれど、とてもシルエットがステキなコートで、毛糸を硬く編んだ同色のボタンが付いている。彼女が着るとこれがめちゃくちゃよく似合う。

価格にためらう妻にぼくは「買えば」と強く背中を押した。

そのファッションデザイナーがダニエラさんで、そこで出会った一枚のコートがやがて、ぼくらをイタリアへと誘ってくれることになる。

コートに付けられているタグには、ただシンプルに「*」マークがあるだけで、ブランド名はまったく記載されていない。だから、ぼくらは誰がそのコートを作ったのかは知らなかった。

おそらく、ブランドとしてではなく、純粋に服としての素材や裁断、縫製のよさを知ってほしいということなのだろうと思う。情報をクローズした人が作ったすばらしいものを、たまたま、ぼくらが見つけた。その時はただ、それだけのことだった。

ある日、イラストレーターの大橋歩さんが、当時、自ら編集発行していた雑誌『Arne（アルネ）』の取材で、高知のぼくの家にいらした際に、そのコートをお見せしたら、大橋さんもこのステキさに感動し、これを作ったデザイナーを取材したいということになった。

調べてみると、彼女はイタリア・ベルガモ生まれで世界的なファッションデザイナーだと知る。1997年からベルガモのヴェッキア広場にショップと工房を構えていて、しかも取材拒否、顔出しNGな人らしい。

さらに大橋さんの情熱に押される形で、小さな糸がつながり、妻の知人の知人のお嬢さんが日本人スタッフとしてその工房で働いていることを知り、アポを取り、コートとの出会いから一年も経たないうちに大橋さんと妻はイタリアに飛んでいくことになったのだった。

ちょっとハズカシイことを言っちゃうのだが、実はダニエラさんは妻のコートの着こなしを見て「あなたは私のファッションのために生まれてきたような人だ」とほめてくれたことがある。ぼくのおのろけである。

それからもダニエラさんとの不思議なご縁は続く。

ぼくらは毎年3度ほどパリに出かけるのだが、その定宿から近いところで開かれているヴァンヴという蚤の市があって、骨董を見て歩いていたら「チャオ！」と誰かがぼくらを呼ぶ。

なんと、ダニエラさん！　イタリアから商談に来ているのだという。その偶然に驚いた。

その後、ミラノコレクションに招待してくれたり、日本に来た時はレセプションパーティーに招いてくれたりと、その都度、まったく違う華やかな世界や風景をぼくら夫婦に見せてくれるのだ。

ちなみに彼女のショップはイタリアのベルガモとパリだけ。やはり看板もタグもない。日本ではコムデギャルソンがドーバーストリートマーケットギンザにダニエラさんのブースを作っている。

ダニエラさんに聞いてみた。「なんで名前を出さないの？」

「なんで自分の名前を出す必要があるの？　ダニエラの服だから買

うとか着るとかはイヤだ。素材とか形で着やすいとか好きで買ってもらいたい。この服を好きで着てくれる人が服の持ち主です」

彼女のつくる服は普遍的でシンプルだけど、遊び心がある。そして自然栽培されたピュアな素材にこだわっている。昔のことも大事に思い、小さなこと、小さい生地まで大事にする。なによりプロセスを大事にしている。

ぼくらはファッションだけではなく、ダニエラさんのその考え方の熱烈なファンでもあるのだ。

また、ある日、いきなり「今日の午後、日曜市で会おう」とショートメールをくれて驚いたことがある。彼女は日本が大好きで、東京から京都に来たついでに、ふらりと高知までやってきたというのだ。

以来、高知に来ると必ず、日曜市で買い物をし、「ラ・メール」という老舗カフェのおじゃれなママがお気に入りで、そこでお茶を飲んだり、物部川のほとりにある食堂に行ったりと、フランクな付き合いを重ねていくうちに、ぼくらはますます、ダニエラさんが大好きになっていくのだった。

2022年6月、「しまんと新聞バッグ」がミラノサローネのデザ

インウィークに出展した際、ダニエラさんの工房でもワークショップをやってほしいということで、メンバーがベルガモにお邪魔した。縫い子さんら20人のスタッフに新聞バッグの作り方をレクチャーし、心のこもったもてなしを受け、ミラノまで運転手付きの車で送ってもらったらしい。義理堅い人でもある。
エコ、ローテク、ローインパクトという新聞バッグの持つストーリーは、ダニエラさんのものづくりのスピリッツに通じるものがあるのだろう。
それにしてもまったく、なんなのだ、このご縁は。つくづくと人との出会いの不思議さを感じるダニエラ・グレジスである。

偶然見つけた
一枚のコートから
はじまった

おの肛門科・胃腸

おの肛門科

　ここは田舎の一軒家。1989年、ぼくは高知市から四万十川中流域、十和村に移り住み、茅吹手《かやぶくて》という沈下橋の向こうの集落に住み始めたばかりだった。

　村のスーパーから帰ってきたら、家の電話が鳴っているのが聞こえた。ミンミンゼミも鳴いていた。

　車から降り、気長く鳴り続ける電話をとると「あっ、梅ちゃん、小野やけど。こんど独立して病院を作ることになったからやってくれん？」

　3年前のクリスマスに、ぼくは人生のイベントを決行。痔の手術をし、新年5日に退院をしたのだが、その執刀医である小野二三雄先生からの突然の電話だった。

「先生、すみません。ぼくはデザイナーなので病院を建てたことも設計をしたこともありません。そもそも業種が違います。それに、ボクは高知から遠い所にいます」と返事をしたが、「とにかく一度来てくれないか?」というので後日、あらためて先生の勤務する病院にうかがうことになった。

四万十に移住後、月に3日間だけ高知市に帰るようにしていた。

先生によると、税理士さんに「これからはソフトのある病院でないとダメ」と言われ、紹介された建築家・庭師・デザイナー・コンサルタントのチームに会ったが「彼らの言いゆうことが全然分からんがよ。なんとか梅ちゃんやってくれんか」と言う。

このチームのほとんどは顔見知りなので、このままの延長線上ではシゴトはできない。クリアボタンを押して一旦、計画をゼロにしてください。改めて。もう一度白紙からならなんとかやってみます。ということになった。

先生は医者らしくない人で、学生時代に柔道をやっていたせいか、いつもガニマタで病院の廊下を歩いていた。先生とぼくは妙に気が合った。

そういえば、いつも、未知の世界のジャンルのシゴトをしてきた。菓子屋・麺業屋・量販店・豆腐屋・農業・漁業、こんどは医者だ。

日本で良質の病院は「虎の門病院」だと聞き、東京の友人に、虎の門病院の設計図が掲載された本を送ってもらい、そこから病院づくりがスタートした。

ぼくもそうだったからよくわかるが、痔で悩む患者のほとんどは10年も20年もこの病気と付き合っている。そして、あるきっかけで決断の時がやってくる。

病院に向かう気持ちは「不安」というよりも「居直り」である。若い女性看護師さんの指示に従って診察室でお尻を見せる時、その居直りはぐらぐらと揺らぎ、そして手術の日を迎える。

小野先生執刀の手術室には、ザ・ビートルズの「イエスタデイ」が流れていて、手術時間は約15分、長年悩み続けてきたものが消滅し、もう過去のことになって行くのだった。

今までの病院の多くは「医療の容れ物」のようで「心づかい」に欠けていて、2、3週間の入院は期限付きの収容所に入るかのような諦めもあった。そこは疾患を持った人間の「生活の場」でもあるわけで、本当はもっと快適であってよいはずだ。

ある書に「病院設計に最も大切なものは患者に対する愛である」とあったが、「愛」は押し付けがましいし、それを受け入れる患者のほうが気恥ずかしい。

ほとんど前例のない「肛門科」という専門病院をつくるにあたり、先生は大きな財産を持っていた。

「ヘモ達」。

名医を頼ってやってくる老若男女の患者たちが退院前に感謝と本音を綴った大学ノートの名前である。

痔のことを英語でhemorrhoidsという。

そこには80代の爺さんから18歳の女子高生まで、病院に対する感謝から不満まであらゆる真実が詰まっていて、これほどフレッシュでリアルなマーケティングデータはどこにもない。

ぼくはその「ヘモ達」からの「ネガティブなクレーム」・「ここがよかった」・「こうしてほしい」と、いった20冊の声を分析しながらビジョンをまとめ上げ、建築家にフィードバックしていった。

税理士は経営上高知市内から外はダメといったが、選んだ場所は街なかでなく、田園広がる郊外。マイカーで行って退院まで置いておける広い駐車場も用意した。田舎は1人に1台、クルマがないと暮らせない。

退院ノート・ヘモ達

こうして患者さんの気持ちをデザインしていくわけで、デザインは心理学でもあると、このとき、ぼくはおしりから学んだのだった。

「小野肛門科・胃腸科・外科」のロゴを作らないといけない。この規模にシンボルマーク不要です、「おの肛門科・胃腸科・外科」とひらがなにして「おの」をシンボルにしよう！と提案をした。

「小野」と「おの」、その変換に先生はこころの整理がつかなかったが、「おの」をマーク化することで緊張感を和らげ、患者さんの気持ちを明るくするコミュニケーション！と説明をし、OKをいただく。

かくして「おの肛門科」は朝の6時から順番を取りに来る病院となり、痔という悩み多き病気を明るくスイッチングする病院となったのであった。

デザインは
心理学でもあると
ぼくは
おしりから学んだ

obusession
小布施ッション
25
2003 8.8
南伸坊
Shinbo Minami

小布施ッション

遠い高知から長野の小布施堂に12年間通った。

ぼくを誘ったのは台風娘のセーラ・マリ・カミングス（56頁）。彼女はぼくを上回るカロリー数の高さで、考え方やベクトルの方向がとてもよく似ていた。彼女がやろうとしていることがわかるから、その台風にいろんな巻き込まれ方をした。

そのカロリー指数でいえば、〝漁師が釣って漁師が焼いた〟の明神宏幸さんとセーラが、ぼくの中でのツートップ。アタマとカラダの動かし方が全然違う。あきらめない。そして粘り勝ちする。

セーラは日本語を勉強しに大阪外国語大学に留学していたが、一旦アメリカに帰国。再び日本にやってきたのは１９９５年、通訳として長野オリンピックが終わるまで3年間の予定だったが、小布施はどうやと言われ、長野市から小布施に自転車で面接に来たらしい。

小布施は北斎と栗のまちで、江戸時代、高井鴻山という豪商が葛飾北斎を江戸から招いてパトロンとなり、北斎はこの地でたくさんの作品を描いた。

その高井鴻山の子孫が小布施堂社長市村次夫さん。十七代目の当主であり、江戸期から枡一市村酒造場を営んできた。

市村さんには台風娘のやり方を受け入れるだけの度量の大きさがあって、この懐の深さは小布施の旦那文化を支えてきたご先祖たちからのDNAでもあるんやろうな。

その延長線上の文化的なところに「小布施ッション」という場とフォーラムがあって、主催は小布施堂。毎月一度、1人のゲストの話を聞きに、よい情報を持った人たちが集まってくるわけで、それが町の文化をまた一回りも二回りも大きくする。

開催日は2001年のスタート以来、ゾロ目の日。2月2日、3月3日というふうに「あの日が来るね」とわかるわけ。

講師はセーラの目利きで選んだあらゆるジャンルの著名人や時の人で、90分のレクチャーを受ける。異分野の人の話は面白いし、楽しいし、刺激にも勉強にもなる。

そしてたっぷりと話を聞いて学んだあとは、小布施堂の一角にある和食の店に場を移して立食パーティーが待っていた。

その料理がまたすばらしくて、「こんな立食パーティーあるの?」というぐらい、板前さんの腕の見せどころだった。パーティーは枡一市村酒造場の日本酒をベースにした酒カクテルから始まる。学生は無料だから若い人の姿も多い。地元の人が4割で、6割が県外からの客。夜にまたがる交流で情報交換など大きな意味があった。

この仕立てで会費は5千円ほど。ゲストのギャラも市村さんが払うわけで、ほぼ持ち出しだった。

オブセッションは英語で「取りつく」、「妄想」という意味だが、「小布施ッション」はそれに強い思い、こだわり、アイデア、意欲、人を惹きつけるモチベーションという定義を添えた。セーラはオヤジみたいなダジャレ好きだった。「桶・OK」とか。

最初の1年間12人の講演録は、日経BP企画から『小布施ッション』という本にまとめて発行されているが、13回目以降は1回ごとのレクチャーブックを作りたいということで、ぼくがデザインを引き受けた。

毎回、小布施堂から文字起こし原稿と写真などのデータが送られてくる。原稿は日本語と英語のバイリンガル。その講演の内容から受けたインスピレーションで表紙のデザインをし、レイアウトをしていく。息長く積み重ねていけるように印刷は黒を1色とし、手のかかる作業でもあった。

高知に住んでいるので、すべての回に参加できたわけではないが、行くと異分野の人たちの話が聞けて自分の勉強にもなるのでリアルに面白く、夜のメシもおいしく、仕事の打ち合わせもできるので面白がりながらやっていた。

しかし、予算の都合もあり、冊子にできたのはアレックス・カーさんや深澤直人さん、松岡正剛さん、隈研吾さんら20人分。

今だから言えることだけど、その後も講演録原稿は届き続け、今もうちのパソコンの中には残り80冊分のデザインがそのまま残されている。

実はボクも講師として2度登壇したことがあって、1回目は2001年11月11日。「あのな、頭のチャンネルを半分だけ回すんや。昔のテレビ、あの要領や」という長ったらしいタイトル。1から12まで数字が入ったダイヤルをカチャカチャ回してチャンネルを合わせる昔のテレビは接触が悪いから、1と2の間の1・5ぐらいのところ

で少しタメを作って回す。

あの感じがローカルに要るんとちゃうか？

その微妙なところをデザインのゾーンにしていくというハナシ。

２回目はくしくも10年後の２０１１年11月11日で「一次産業×デザイン＝ニッポンの風景」というウメバラ理論やったかいな。

その後、セーラが小布施堂を去り、２年後にぼくもデザインの仕事を辞めさせてもらった。

そして２０１２年、「小布施ッション」もまた12年間１００回にわたる熱き幕を下ろす。

小布施にセーラがいた時代だった。

セーラのカロリー数と
小布施堂の懐の深さが
小布施ッションだった

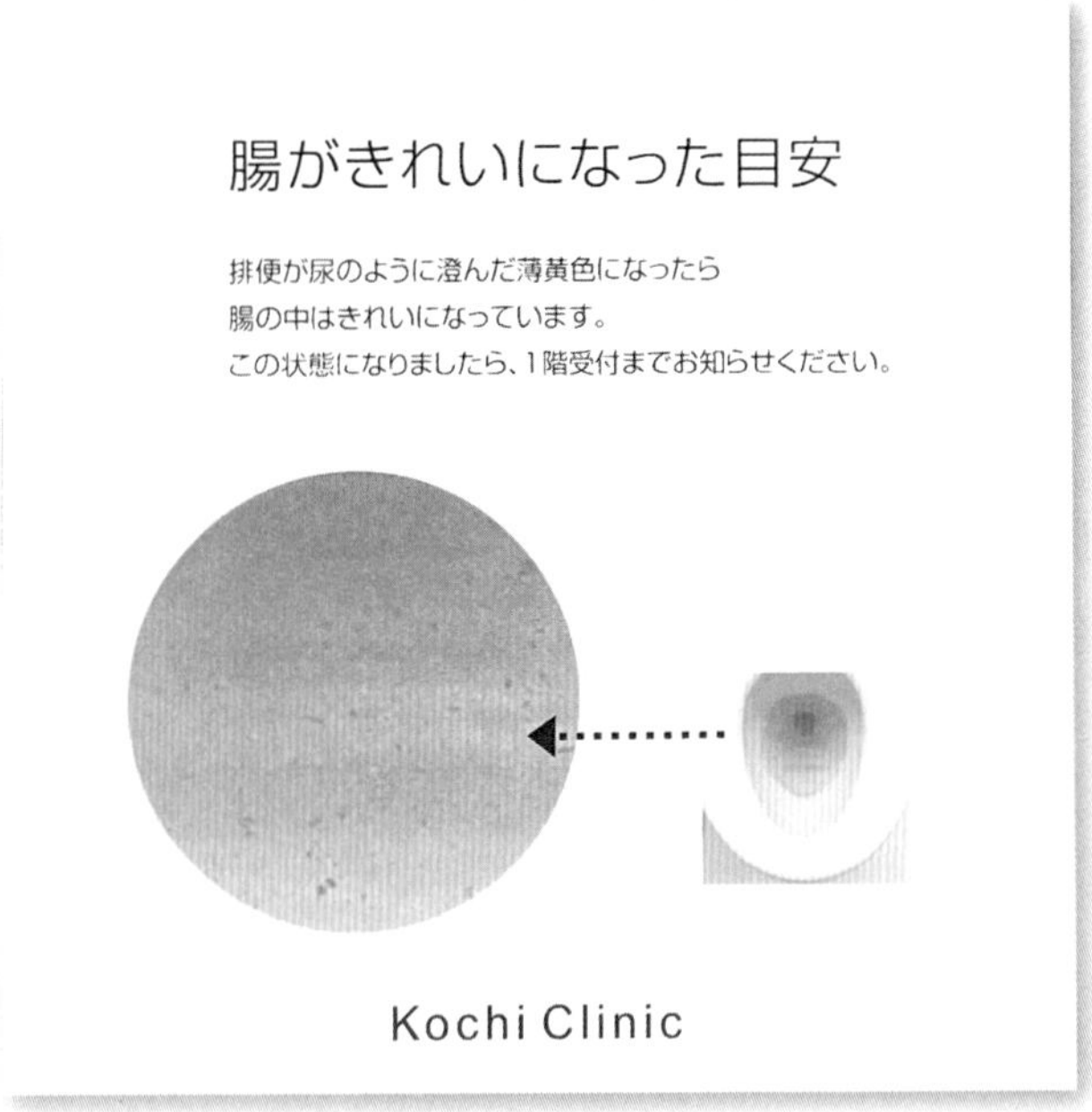
腸がきれいになった目安
排便が尿のように澄んだ薄黄色になったら
腸の中はきれいになっています。
この状態になりましたら、1階受付までお知らせください。
Kochi Clinic

マイトイレ14

1日トイレの中で暮らしてみる。

そんな病院、「こうちクリニック 胃腸科・内科」をプロデュースすることになった。

大腸の内視鏡検査。まずは腸の中をからっぽにするために、洗浄液を約2リットルも飲まなくてはいけない。

ウンコが薄茶色になるまで少なくとも5、6回ほどトイレに行く。トイレの数が少ないと行きたいときに行けない。だれかが外で待っていると思うとゆっくりもできない。周りの目が気になる。

もうなんとかしてえぇぇぇ！

そこで生まれたのが「マイトイレ構想」。

たとえば、検査の日、不安を抱えて恐る恐る行った病院で、自分の名札がかかった専用の個室トイレが待っていてくれるとしたら、こんなに安心で嬉しいことはないだろう。

「マイトイレ」。ちょっとラブリーなネーミングと、まるで私の部屋のようなトイレとの出会いに思わず笑えて、緊張もほぐれる。検査に向かう患者さんの不安な気持ちを、ここで6割ぐらい解決できるんとちゃうかいな。

こういうマイナーな困りごとをデザイン思考でプラスに引っ張っていくのが、わりと得意なボクであるが、実はこれ、小野二三雄先生の発案だった。先生は「おの肛門科」を作った後、もうひとつ、病院を作りたくなったのだ。

そこで「おの肛門科」の隣りに作ったのが「こうちクリニック」。院長は矢野哲也先生で、胃腸と肛門がつながっているようにクリニック同士が仲良く廊下でつながっている。矢野先生とは、小野先生の紹介で知り合った。

二人に共通しているのはアタマのやわらかい名医であるという点。そうでなければ、「マイトイレ」を作るなんて、社会へのこんな新しい問いかけや病院の生き方のデザインはできんやろ。

これは「おの肛門科」を作るときに経験したぼくとのやりとりがおおきかったのではないかと思う。

医療の現場は日進月歩で技術がどんどん進んでいるのに、患者さんのメンタルなケア、患者側の目線に立った環境や施設のフォローは、まだまだ立ち遅れている。この視点から病院を作ることをぼくたちはすでに経験していた。

では、どんなトイレがあったらよいか。そこから始まった。

先生たちと一緒に「自分がもし患者だったら」と空想し、患者さんたちの言うに言えない心の声に耳を傾け、山積みにされたいろんなプラスやマイナスを整理しながら、どんどん突き詰めていくと「マイトイレ」にたどり着いた。

3畳ほどの広さで便器のほか、手洗い場、ロッカー、本棚、ベンチなどがあってエアコン完備。

窓からの採光もバッチリで、周りへの音やニオイの漏れも心配もない。ここで充分1日暮らせるほどの快適さでストレッチをしたり、ベンチに座って本を読んだりしながら便意を待てる。こんなストレスフリーなマイトイレを14室用意した。

一方、開放的な待合ラウンジには、マイリクライニングチェアが並んでいて、サイドテーブルにはマイテレビ。自分の席で洗腸液を飲みながらイヤホンでテレビを見たり、本を読んだり、庭を散歩したりと、誰に気兼ねすることもなくトイレに通える。病院にはありえない、ホテルのような雰囲気なのだ。なにより患者である「私」の心理を大事にしてくれる。

そうして腸の中がからっぽになったら、いよいよ検査が始まる。大腸がんは早期発見早期治療をすれば、ほぼ100％完治するらしいからイヤでも検査は受けたほうがよい。

そういう意味でも、マイトイレは敬遠されがちな大腸検査というハードルを低くする「きっかけ」のデザインにもなったのではないか。

1998年、「こうちクリニック 胃腸科・内科」に、この「マイトイレ」が開設されたとき、医療システムを大きく考え直す画期的な診療施設として注目を集めた。

このとき、先生は「これが10年先には普通の施設になっていると思う」と言っていたが、あれから25年経った今でもクリニックの生き方はまったく古びておらず、未だに新しい。つまり、本質をつかんでいたということだ。

この病院の最後のシゴトは「うんちの色見本カード」のデザイン。トイレの中に「このくらいの色になったら、ナースまでお知らせく

ださい」というカードが置いてある。

それを目安に患者さんが頃合いを見てコールすると、ナースが色を見に来て「まだもう少し」とか、「あっ、もういいですね」と検査へのゴーサインを出してくれるのだ。

矢野先生は実際にウンチを水に溶き、それに合わせて色見本を作ってほしいという。

みごとに期待に応えた色になった！

ちなみに建築は私の家を設計した東京の落合映氏。宮脇壇氏に師事した設計家で、室内を快適に設計する静かな人だ。

ウンチ
カードを
デザインする

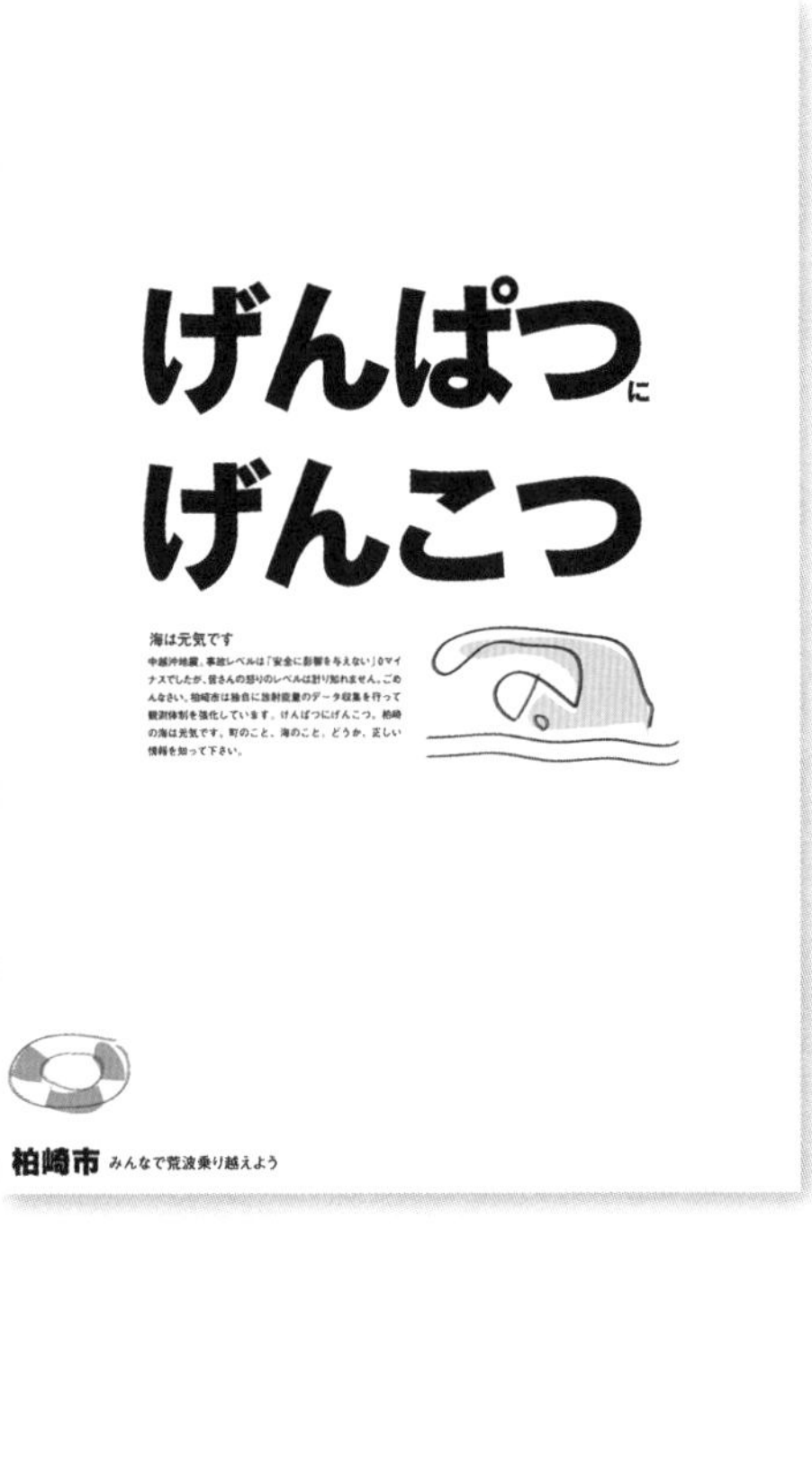
げんぱつにげんこつ
海は元気です
中越沖地震、事故レベルは「安全に影響を与えない」0マイナスでしたが、皆さんの怒りのレベルは計り知れません。ごめんなさい。柏崎市は独自に放射能量のデータ収集を行って観測体制を強化しています。げんぱつにげんこつ。柏崎の海は元気です。町のこと、海のこと、どうか、正しい情報を知って下さい。
柏崎市 みんなで荒波乗り越えよう

げんぱつにげんこつ

めずらしく新潟県柏崎市から電話がかかってきた。春日俊雄さんからだった。

２００５年に柏崎市に編入合併されるまで、春日さんは刈羽郡高柳町地域振興課のじょんのび課長だった。

旧高柳町荻ノ島には日本で唯一の「環状集落」が残っていて、田んぼを囲むように茅葺の家が環状に点在する豊かな農村である。

ボクが隈研吾さんとともに、みつばち鈴木先生（２１８頁）の花粉としてその集落に運ばれたのは１９９７年のことだ。

「じょんのび」というのは新潟中越のお国言葉で「ゆったり、のんびり、のびのびして芯から気持ちよい」というような意味で、「じょん」は寿命の寿、「のび」は「延びる」。

それを高柳の生き方にしようと、じょんのびポスターや読本を作ったりした。合併となるまで７年間通ったが、ボクは現代社会が落としていったニッポンの風景のよさ、愉しき農村の姿、人間の営みの尊さ、「小さいことのよさ」をしみじみと学んだように思う。

その春日さんからの電話は、中越沖地震があった翌年2008年のことで、地震の影響で起きた原発事故の風評被害を払拭するためのポスターを作ってほしいという依頼だった。

震度6の地震によって発電所に火災が発生するという事故だったわけで、この大きなテーマのシゴトはボクにとって憂鬱なテーマでもあった。

ボクは常に「義憤」という2文字が、胸の中にマグネットのようにくっついていて、特に原発には「はぁ？ナニやってんの」という怒りがある。

柏崎市は高知から遠く、ボクは初めて行くところでもあった。ぼんやり打ち合わせをして状況を聞いてからシゴトに取りかかるのは時間がもったいない。よし、ラフスケッチを持って行こうと、コピーライターの池田あけみに声をかけた。

すると、ボクが驚くようなコピーがあがってきた。

それが「げんぱつにげんこつ」だった。

たった1文字入れ替えただけで、こんな皮肉とユーモアが生まれる。ボクは15分ぐらいでデザインした。まんなかにコピーを置き、マウスで泳いでいる人の絵を描き、それがヘタうまな感じの面白みになった。ボディーコピーも添えた。

柏崎市が東京電力に土地を貸してやっているのに、何、原発事故を起こしとるねん。こらっ、と怒る。

これが一番信用できることで、原発にガツンとげんこつしておきました、むちゃくちゃ叱っておきました！　ごめんなさい！　大丈夫です！　海は安全です！　泳いでください！　これが一般の人たちの安心を取り戻す力学だと思った。

そのラフを提げて柏崎市役所を訪ねた。じょんのび春日さんは、大きなマチの観光交流課長になっていた。

スケッチを描いてきました、と提出する。すると、彼は慌ててすばやくそれを隠したのである。

表情と行動でわかる。直感的にヤバいことをしたんだなと思った。ソフト＝安全性を言ってもええやんかという土佐人の底が抜けたようなシンキングとは違った。

ボツとなったラフを持ち帰り、麦藁帽子をかぶった浜茶屋のオジサンが青空を仰いで大丈夫だよ、きてくださーいという、いわゆる骨のないデザインを提出。初めてレンタルポジを活用して作った。

その時のデザイン料はたくさんあった。東電からの復興マネーによる原発デザイン料だった。

柏崎の街の空気感は独特で、ボクの目には札束で顔を叩かれたような、どこか後ろめたさを抱えている街のようにも映った。

というわけで、このラフはお蔵入りとなったが、いまでもボクのお気に入りで２０１０年に『ニッポンの風景をつくりなおせ』という著書に載せた。

その翌年3月11日に東日本大震災が起こり、福島第一原発事故が起きる。あの原発のありさまは、まさに「げんぱつにげんこつ」だった。震災の5年前にまるで原発の未来を予想していたようなポスターとなったのである。

その震災から半年後の２０１１年秋、会津若松の大和川酒造店の会長佐藤彌右衛門さんから電話があった。「桶仕込み保存会」で少し面識があった。

腹から出ているようなハリのあるよい声で「梅原さん、まさにげん

日和見ポスター

ぱつにげんこつですわ。この言葉が私の気持ちと一緒なんです」という。そして、あのコピーを会津若松の酒造組合で使ってよいか、と尋ねられたので、いいです、どうぞ、どうぞ、と返事をした。

　そこから先のことはわからないが、あのとき、福島の怒りを代弁できた。それだけでよかった。

　そして春日さんは、くしくも2011年3月に柏崎市役所をリタイア。自分が住んでいる環状集落に戻り、「じょんのび米」のデザインの依頼をしてくれた。ボクはそれがとても嬉しかった。今は新潟産業大学の地域連携センター長らしい。

デザインやコピーは
社会や政治や
世の中とリンクしている

とんかつソース
AJIBUTA

とんかつソース

愚直なオヤジが安全でうまい豚を育て、息子がこれまた、ドイツ仕込みで添加物不使用のうまいソーセージをつくる。

農林水産祭天皇杯にも輝いたオリジナルブランド豚「あじ豚」は、しゃぶしゃぶにしてもまったく泡が立たんのよ。何も語らずに食べても「これ、うまい。どうしたの?」と人に言わせる。

これがゲシュマックのうまさ。おいしい、あんしん、ゲシュマックである。

宮崎県児湯《こゆ》郡にあるこの店舗兼レストランのロゴと商品のデザインを引き受けたのは、ビジネス雑誌の記者をしている友人の紹介。三男の山道洋平さんが初めてうちの事務所にやってきたのは忘れもしない2011年3月11日の午後だった。

それから父の義孝さんが営む「(有)宮崎第一ファーム」という豚舎を訪ね、ゲシュマックの店を訪ね、そこで口蹄疫で豚が殺処分となり、復活まで1年半を要したこと、飼料には焼酎のもろみ生菌をブレンドしたオリジナル飼料を食べさせていること、父の背中を見て育った3人の息子たちがそれぞれに養豚部門、経営、加工部門を担当していることなどを聞いた。

父子の生き方、おいしさにかける思いや誠実な姿勢が胸にズドンと響いて、その場でシゴトをさせてもらおうと決めた。

ごまかしのまったくない、まっすぐなモノづくり。

「おいしいあんしん」というフレーズがアタマに浮かんでいた。

その過程で生まれてきた超ニッチな商品が、あじ豚「とんかつソース」。洋平さんは味付けの才能があって、ソースを作ってもうまい。味見をした時にちょっと甘いかなと感じたけれど、それは南九州の味の文化でもあって、人と同じように味にも方言がある。

そのデザインをしていくうえで、商品の中身との相性というのもあるが、ボクは「おいしいデザインを作ろう」としているわけ。

そこで、ワタシはマジックペンをとる。とんかつソースと書く。

プロとしてあるまじき方法論かもしれないが、マジックペンで「とんかつソース」と書くのが一番おいしい方法だと思っているから居直って堂々と使うのだ。

文字のロゴタイプによってソースのおいしさを出すこともできると思うけれど、ボクはそっちには居ない。

自分がおいしいと感じるワークエリアの中には「たどたどしくも、おいしいもの」という気持ちのジャンルがあって、それに合うのがマジックペンなのだ。

ただし、そのスキルは自分の思い込みなので、あまり人が真似できないというか、逆にオリジナルっぽいところでもある。

さらにここでマジック愛を熱く語っちゃうのだが、コントロールの効かないマジックペンが一番よい味を出す。そこを利用する。

筆で書く時もそう。コントロールが効きやすいと、逆にコントロールが効きにくい筆を探し、それでもコントロールが効く時は左手で書く。変な字ができる、という方法論。

マジックは速乾性があるから、すぐにスキャンして拡大したり縮小したりしながら最短でデザインに活用できる。そのスピード感がおいしさでもあるが、これを何日か寝かせて「おいしさ」を検証する場合もある。

「とんかつソース」という文字だって30回ぐらいは書く。1回じゃ終わらない。

その文字と文字の間のわずかな余白に相当なメッセージがあり、それによっておいしさが全然違って見えるのが不思議だ。

ところで「とんかつソース」もだけれど、ボクのデザインを見た瞬間に「あっ、かわいい」という声をわりと多く耳にする。

怒ってばかりの怖いオッサンにはミスマッチな形容詞ではあるが、イヤではない。ちょっと嬉しいコトバでもある。

今の社会で「かわいい」というのは、どういう意味で使われているのかは分からないが、おいしそうという意味かもしれない。ステキという意味かもしれない。

ほとんどの人が一連のモノを見てそう言うので、ボクの考え方がかわいいと思っているようなフシがある。今までその分析は一度も自分では踏み込んでしたことはない。

自分のキャラは自分で知っているので、デザインを考えるプロセスの中に「笑い」というのは常にベースにある。

本質を捉えようと本当はシリアスにモノを見ているのだけれど、一方で笑わせようともしている訳で、そのチャーミングさみたいな

AJIBUTA
HAM&SAUSAGE
GESCHMACK
[ゲシュマック]
Home Made Deli
Healthy Pork.
Made in kawaminami.
MIYAZAKI-JAPAN

ものを「かわいい」と言っているのではないか。

しかし、こうしてあらためて考えてみると「笑いとかわいい」は、案外、近しいところにあるのかもしれんね。

というわけで、とんかつソース。ボクの「おいしい」「笑い」、そしてチョット「かわいい」デザインをフルセットで一番わかりやすく味わってもらえるのではないかと思う。

おいしく見えることがデザインだから
ワタシはマジックペンをとる
とんかつソースと書く

むかし、むかし
高知県が、
土佐の国と呼ばれていた頃、
この地方に
薫的《くんてき》さんと呼ばれる
一人の和尚さんが
おりました。
3
2

くんてきさん

ぼくはおばあちゃんっ子だった。ぼくを大変かわいがってくれて、ぼくもまた誰よりも祖母と過ごす時間が大好きだった。

高知城の北にあったぼくの家と祖父母の家はさほど離れておらず、近所の薫的神社の境内にある芝居小屋に大衆演劇の一座が回ってくると「まこちゃん、くんてきさんに行くぞね」と言って、よく連れて行ってくれた。物心ついた昭和30年前半のころのことである。

余談だけど、ハローキティ3代目デザイナーの山口裕子さんは、ぼくの家の2軒隣りの子で、ぼくのことをやっぱり「まこちゃん」と呼んでいた気がする。

その芝居小屋の中では濃い化粧をした役者さんが「切られ与三郎」のような泥くさい芝居を演じていて、狭い舞台には花道もあった。

小学校低学年のぼくには内容はまったく分からないし、薄暗いゴザ敷の席に正座して観るのはちょっと怖くもあったが、祖母や大人たちが人情劇に泣き笑いし、拍手喝采する姿は面白くも見えた。

だから2015年に薫的神社の禰宜《ねぎ》、中地英彰さんから350年記念事業としての冊子づくりを依頼された時には「そりゃ、やらにゃあかんやろ」と、二つ返事でお受けした。

が、うちはカトリックだったので、薫的さんに手を合わせて拝んだという記憶はあまりなく、ぼくの中では「薫的さん＝芝居小屋」だと思っていた。

薫的さんは高知市洞ケ島というところにある神社で、明治時代の廃仏毀釈に至るまでは「瑞慶寺」というお寺さんだった。

そこの和尚さんの名前が「薫的」で、お坊さんが神社のご祭神というのは全国的にも珍しい。薫的さんは文武に秀でた人で、勉強やスポーツ、勝負事にご利益がある神様として300年以上経った今でも親しまれていて、高知の人は必ず「薫的さん」と、さん付けで呼ぶ。

余談だけど、境内の百度石には『鬼龍院花子の生涯』で鬼政のモデルになった土佐の侠客鬼頭良之助の名前が刻まれていて、薫的さんのご利益を舐めたらいかんぜよ。

その薫的さんにまつわる絵本を作りたいというので、初めて伝説を読んだのだが、これがまさかのドロドロ壮絶なストーリー。

徳川家康は関ヶ原の戦いで豊臣方についた土佐の長宗我部氏を退け、山内一豊を静岡の掛川から高知に入城させた。薫的さんが預かる瑞慶寺はその長宗我部氏の菩提寺だった。

そのため、薫的さんはいろんなトラブルに巻き込まれることになり、殿様に楯突いたという無実の罪を着せられて投獄されてしまう。怒りのあまり、牢屋でハンストを決行。7日目の朝にラディカルにも自ら舌を噛み切って憤死するというショッキングな展開だ。

その後、薫的さんの祟りなのか、因果応報で役人一族は次々と不幸が起こり、人々は薫的さんを手厚く祀って祈りを捧げたという話で終わる。

絵本にするにはちょっと怖い気もするけれど、時の権力に身を挺して立ち向かった薫的さんの反骨精神というか、体制的なことを嫌う土佐人らしさにはグッとくるものがある。

この物語を読んで毒々しい絵が浮かんだ。

イラストは絶対に「下谷二助さんやな」と思った。

下谷さんは独特で強烈な印象の絵を描く人で、アイロニーがあり、反骨のにおいのするイラストレーターの巨匠である。たくさんの絵本のほか、『買ってはいけない』という『週刊金曜日』のブックレットの表紙も描いていて、ぼくは昔から彼の大ファンなのである。

編集もデザイン。よし、これは「下谷さんにお願いする」というデザインや。

もう十数年も前のことになるが、銀座のクリエイションギャラリーG8というところでイラストレーター大橋歩さんの展覧会があった。その時、芳名帳の見開き冒頭に「下谷二助」と、なんとも清々しい字で書かれてあった。

今だから言えることだが、その時、ぼくは「おっ、しめた!」と思って、その横にちゃっかり、梅原真と並べて書いた。しかも記念にそれを写真にとった。そういうナイショの経験がある。

そんな時にたまたま、JAGDAの事務局長大迫修三さんと酒を飲むことがあった。話しているうちに下谷さんをご存知だというので紹介していただき、下谷さんにはメールでお願いをしたら、詳しく聞きたいとご本人がわざわざ電話をくださり、なんとか頼むことができた。

その絵が届いたらやっぱりスゴい。

ぼくの直感は間違っていなかった。

何度か調整をお願いしたが、何もおっしゃらずに対応してくださり、約1年後の2016年7月に完成した。

それが『くんてきさん　カエルが鳴くから雨でしょうか』というこの冊子。

巻末に「薫的記」として大人用のくわしい解説も添えてあるので、大人から5歳児まで幅広く読んでもらえる。後世にも残しておける。

仕上がりとしても、ぼくはとても気に入っている。

薫的神社の社務所で買エマス。

ホームページでも見ラレマス。

薫的さんのストーリーの
イラストは
毒のある下谷二助さんだと思った
絵が届いたら
やっぱりスゴかった

1人より3人

立正大学×隈研吾建築都市設計事務所×東川町

三者連携による地方創生の新たな視点

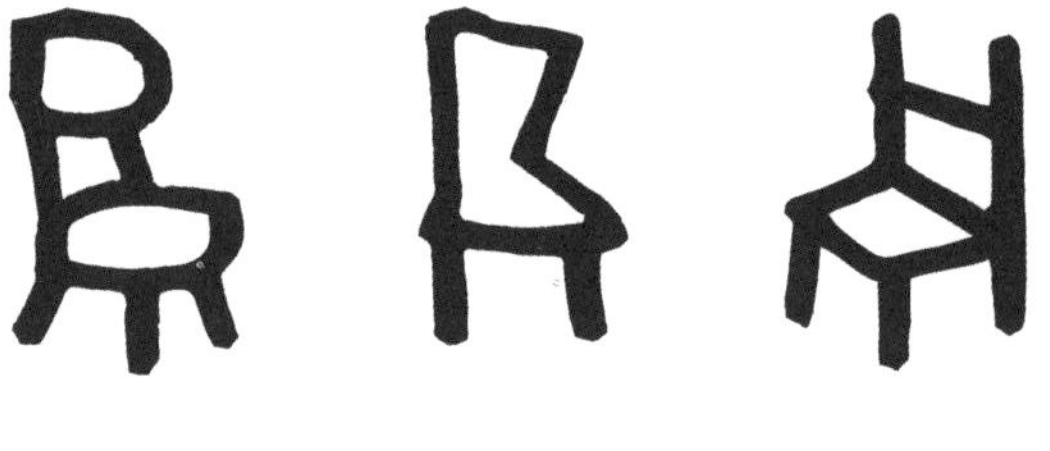

1人より3人

2022年、立正大学は開校150周年を迎える。その記念行事として前年秋に「三者連携と地方創生フォーラム」が開催されることになり、特任教授みつばち先生の〝常連花粉〟であるボクが、その印刷物のデザインをすることになった。

三者とは立正大学と隈研吾建築都市設計事務所と北海道東川町。

東川町は30年も前から「写真の町」をコンセプトにしたまちづくりに取り組んでいて、第1回東川町国際写真フェスティバル国内作家賞は須田一政さんという有名なカメラマンが受賞している。

実はボクのアシスタント第1号の女性が、須田さんの嫁になっていて、その受賞話を耳にしたことがあった。東川町がどういう人を賞に選んできたのかが歴史や権威となって見えてくる。

その東川町が隈研吾さんと提携し、世界各国の学生を対象とした「KAGUデザインコンペ」を開催。大きな話題を呼んだ。

学生が地方創生の現場で学ぶことに価値があると考えた立正大学

は、この町と隈さんと連携し、150周年の記念フォーラムで「三者包括連携協定」を結ぶことになったというわけだ。

だいたい、こういうシンポジウムってあまり面白そうでもないところに着地するやん。

しかも、こんな堅苦しい名称。ボクは面白くないし、イヤだ。考えたのが、隈研吾さんのK、立正大学のR、東川町のHと頭文字をイスに見立てて、3人が壇上でシンポジウムを行なうことを伝えるちょっとラフ過ぎるようなデザイン。

そこに「1人より3人」というコピーを大きく入れた。

えっ、これが大学のチラシ表現!?というような、やや危険なデザインではあったが、吉村洋学長と松岡市郎町長、隈さんという3人のハードな雰囲気をデザインで揉みほぐしたい。

デザインってそういう役目を果たすものだとボクは思うし、大学のお硬いアタマを少しからかってみたいという気持ちもあった。

この危険なデザインは、プレゼンをしたら意外にも関係者さんに大ウケし、逆にボクのほうがキョトンとした次第。

学生たちも気に入ってくれて、印刷した枚数では足りなくなり、コピーをとって大学のご近所にまでポスティングしたらしい。

たくさんの人が集まり、記念すべきシンポジウムの一つのカタチになった。

ボクは、なんでも「ありのままやる」ということに違和感がある。日本の教育は小学校、あるいは幼稚園からすでにそうかもしれないけれど、はみ出さない教育だ。型枠にはめているから、空想が生まれる人間は作れない。そこが日本の大きな問題だ。

だから日本に新しい産業は生まれない。新しいビジネスは生まれない。スティーブ・ジョブスもGoogleも、Uberも生まれない。枠がガツンとバラバラにならないとダメなんじゃないの。と、ボクは教育のあり方に疑問と異議を唱えているのである。

組織的なものに入っていくことはできないとしても、大学の枠をはずすこと、解体するようなこともデザインの世界ではできるのではないかと思うし、一瞬で心の風向きを変えることもできる。

相手の顔の筋肉が動く、表情を変えることもデザインの醍醐味で、泣かせるもよし、怒らせるもよし、笑わせるのもよし。

一番よいのは、笑わせること。

相手がニコッとした時に、心にどっと何かが伝わったということ。大きな情報が届く時、相手が笑う。

そういう意味では、ただ、イスを3つ描いただけ、「1人より3人」というコトバを添えただけで、その笑う筋肉のゾーンをどう動かせたか。そこに自分のデザインの本質があると思っている。

この「1人より3人」というコピーは、うちのスタッフから出てきた「コンビからトリオ」から出発した。

アカンヤンカとダメ出しをした瞬間、パッと浮かんだのがコピーライター魚住勉さんの「ひとりよりふたり。」という丸井のクレジット名コピー。アタマの中でそれをパクってマッハで飛ばし、転がし、よし、1人より3人や！となる。もし、ボクに才能があるとしたらこの目線と時速ではないかと思う。

スタッフの考える道筋は悪くないが、コンビやトリオというと漫才の舞台を思い起こさせるから、アタマがそっちへ行ってしまう。コトバで相手にどういう情報と空想をもたらすか。

1人より3人。これは単なる数字で意味がないから、そこに空間が生まれるのだ。

「なんで？」というところが、大きな方向性。違和感とともに、そこに何かが起こる。ボクはそれをコミュニケーションと呼んでいる。

ボクは彼らにいつもいうのだが、三角錐のジョウゴのなかにもっと凝縮できる。まだまだもっとシンプルにできるはずや。

もうあと1キロメートル先に行けば、「1人と3人」というコトバが落ちている。

もっと先に行け。向こうまで行け、と叱る。

今はそこにたどり着くのに15分かかるかもしれないが、これも訓練だ。そのうちワープできるようになる。

ちなみに、ボクの事務所も1人ではなく3人。

学長と町長、隈さんという
ハードな3人の雰囲気を
デザインで揉みほぐす

こころのふしぎ

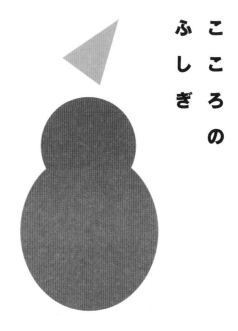

こころのふしぎ

立正大学150周年のイベントが成功するかしないかは、大学にとって大きな問題だった。

2021年11月10日に開催された、あの「1人より3人」の記念フォーラムは、定員200人の会場も、定員1000人のオンライン配信も満員御礼で大成功に終わった。

その流れで頼まれたのが「心理学部20周年記念」のパンフレット。

立正大学で一番人気の学部だが、ここのところ、入学希望者が少なくなってきているという。これを機に学部のイメージを変えるような、何か新たな動きがほしいという依頼だった。

ボクはいつも「デザインは心理学である」と思っているし、学部長の上瀬由美子さんは美人だし、断る理由はどこにもない。

むしろ、ボクにとっては新鮮なシゴトであり、自分のデザイン観を確かめる上でも嬉しかった。

今までの学部パンフレットを見せてもらうと、どこかの代理店が作った「いかにもこんな感じ」という一律の印象。

表紙には「心の不思議を解き明かそう」というコピーがあった。説明しすぎかな？　全て完結しているから「そうなんだ」で終わる。余韻を残せば、そこに不思議が残るのだ。

そもそも、この〝予定調和〟というものがボクは面白くない。

私見だけど、性格の良い人はすべて予定調和している。だからある意味、性格が良い人は伸びないところもある。デザインという仕事をするのならアイロニーというか、別の目線も持たないと、よいデザインにはなっていかないのではないか。

社会の底辺を読んだり、皮肉だったり、本質を裏返してさらにその裏側を覗いてみたり、ホントはこうなのに表向きでやってないか？というようなことまで、正直に自分の体の中に入れた上でデザイン表現をしていく。

こころのふしぎ。

これならどうだろう。

さらに、
こ　こ　ろ　の　ふ　し　ぎ

と、さらに字間をあけてみる。たった7文字で相手に伝えたい思いを預けられることが大事。

預けられるということが、コミュニケーションをしているということ。そういう意味では「1人より3人」も同じかもしれない。

こうやって残像、余韻、解決しないものを相手の手に持たせることで、相手の中に情報がドバッと入っていくのではないか――という、心のサイエンスみたいなものを自分なりに発見している。

つまり、「相手に預けるデザイン」だ。

また、ボクは字と字の間に情報があると思っているタイプなので、ここでもその字間に「この学部に入ると楽しいことがありそうだな」とか、「深い学問と出会えそうだな」とか、学生たちがじんわりと感じ入るようにセットしている。

ボクの思う「デザインの間合い」というヤツである。

パンフの表紙のビジュアルはピンクと黄色のふしぎな図柄。

ロールシャッハテストのようにインクを落として開いた左右対称の図柄を見て「これ、何に見える?」というゾーンをデザイン。3案つくって教授陣にプレゼンし、助言を頂いてこの案に決まった。

だるまに見えるけれど、それがピンクだから不思議に思えるわけで、なぜピンク？と思うところに、もう笑いがあるやん。

黄色い三角は飛んで行こうとしているのか、いや、着地しようとしているのか。こうにも見えるし、こんなふうにも見える。

そう考えるところに心理学があるやん。

ここから先の学問的なことは、心理学部に入学してから詳しく勉強したらよい。

そして、デザインというものから考える「心理学」というものは、自分に明るい光を満たしてくれるという方向にいかないと、その商品やデザインのまわりに、人は寄って来ないのではないか。

笑うことって明るいことで、コミュニケーションの一番のベースでもある。泣かせるようにコミュニケーションしているから、何かを感じて泣くわけで、怒っていると感じるから怒っているわけで。

ボクの場合は、そのコミュニケーションの基本に「笑い」というフィルターがあって、そのフィルターをすでに通ったものをデザインしている。

ものの本質というのは「笑い」に近いものがある。

その本質を突くためには、ある意味、そこに皮肉も含まれている。皮肉というのは笑いの根源かもしれない。デザインにもその手法があってもよいと思う。ボクはその皮肉を笑いに転化したいんや。
それを皆さん、うっすら気づかれているようで「梅原さんの作品は笑っちゃうんですけど、なんかあるんですか」と、よく聞かれる。
デザインは笑い。それだけ。
ボクの「こころのふしぎ」を探ってみた。

デザインは
心理学
そこに
笑いと光を見つける

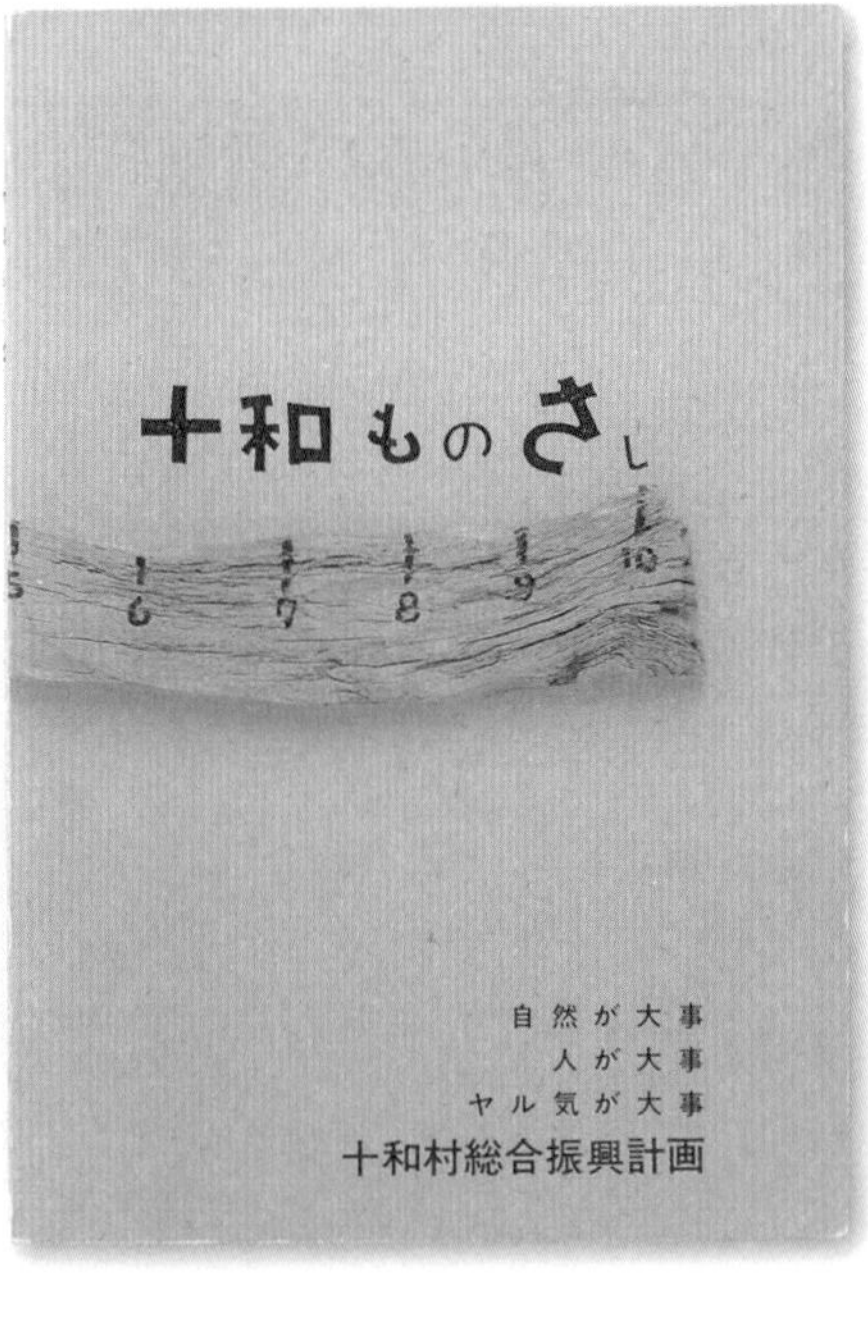
十和ものさし
自然が大事
人が大事
ヤル気が大事
十和村総合振興計画

四万十川図鑑

ある人間から電話がかかってきた。

十和村役場企画課の由類江秋穂というオトコ。どこかで知り合った同い年で気の合うヤツだった。

「おーい、村の総合振興計画を作ってくれんか」という。

「それ、なに?」。1987年ごろのぼくは振興計画など一度も見たことがなかった。地方自治法で10年に一度、作成しなければならないらしい。それがコトの発端だった。

「ぼくはコンサルと違うぞ」と、やや困惑しつつも、いろんな市町村から総合振興計画とやらを取り寄せてみたが、どこも現状分析やグラフばかりで夢やビジョンを描いたものは一つも見あたらない。

ちょっと待て。10年間の方針をまとめたものがこれなのか?

振興計画というのは市町村の10年間の生き方をシミュレーションしておくものではないの? これは絶対に違う。

これから日本はグローバル化していくのだから、地方には東京ではない独自のモノサシ、アイデンティティが必要ではないか。それなのに地方は自分たちの考えもないまま、国のモノサシに振り回され、天から何か降ってくるのを、ただ口を開けて待っているようにぼくの目には映っていた。

行政の中でそのモノサシの姿さえ少しでも見られればそっちの方に行けるのに、ほとんどの自治体がまだ、そのモノサシが見えていないことにすら気づいていない。

人間1人もそうだし、国もそう。自分のモノサシが1単位やんか。村も、自分たちも押し付けられた価値観ではなく、自分のモノサシを持って未来を測れよ。

まずは住民に振興計画を手に取り、読んでもらうことが第一歩。そこが行政と住民とのコミュニケーションの始まりとなる。「自然が大事」「人が大事」「ヤル気が大事」という分かりやすい3つのテーマに決め、十和村総合振興計画というガチガチの行政用語ではなく、「十和ものさし」というネーミングにした。

表紙の写真のモノサシは、自宅の庭先に転がっていた古木にマジックで目盛りを描いたもの。タイトル文字は6文字全部ちがう。カッターで切り貼りしたりもした。まだパソコンのない時代、すべてがオリジナルだった。

そうして1989年1月、約2年がかりで「十和ものさし」ができた。

当時はバブルの真っ只中で国にも潤沢なお金があったので、高知のこんな山奥の村にも予算が回ってくる。冊子には沈下橋を立派な抜水橋に架け替えるための撤去費用のことも載っていた。

ぼくは村長に「沈下橋を壊したらあかん」と言い、「高知市の梅原さんには、この不便さはわからん」と言われ、「ほな、オレが沈下橋の向こうに住んだるわい」となり、カミさんに離婚されそうになりながら茅吹手沈下橋の向こうに引っ越して来た。

数カ月後に行なわれた村長選で現職がやぶれ、新しい村長に変わるという予想外の顛末。

それとともに「十和ものさし」が抹殺されることになるとは1ミリも思っていなかった。民主主義の中には、よいほうに向かわないシステムもあるんやな。

総合振興計画には、今後の村づくりや福祉のことだけでなく、産業の方向性として「しまんと一番茶・缶入り」の商品開発、「民具館をギャラリーカフェに」など、さまざまなプランを提案していた。

茶はその後、地元の地域商社「四万十ドラマ」が「しまんと緑茶」として商品化したが、今でも心残りなのは「四万十川図鑑」。

議会に予算を計上する寸前で村長が変わり、実現できなかった。あの時、もし、これができていたら地域の今はどうなっていただろう。

なぜ四万十川は「最後の清流」なのか。

それは人口が少ないからで、自然が作ったものだ。そのころ、住民たちは川をまったく大事にしておらず、田舎の人ほど自分たちの足元に価値を置いていなかった。環境に対する田舎の無知とでもいうべきものがそこにあった。

家庭排水を川に垂れ流しながら道路を二車線化し、沈下橋を壊しながら、これから人間が徐々に四万十川を殺していくわけやんか。

せめてその前に、住民自身が川にどんな水生生物や魚類が生息しているのかを確認するために、自分たちの手で「四万十川図鑑」を作っておきたかったのである。

それは学者が総力を駆使して作る図鑑ではなく、住民がメインになって石をめくり、水生昆虫を見つけ、網を投げたらいろんなわけのわからん魚が捕れる。

それに対して学者・専門家がキャプションを添える。村民が自ら作るエンサイクロペディア四万十図鑑。そこが肝でデザインシンキングなわけよ。

というわけで、十和ものさしは消えたが、ぼくのモノサシは鮮明になり、行きがかり上とはいえ、沈下橋の向こうに住むという選択は、「川の向こうから見るデザイン」の始まりとなった。

余談だが、十和ものさしがマボロシとなった7年後、あるコミュニティーの会に参加した。そこにいた某コンサルの男性が「十和ものさしは自分が作った。これはコンサルのバイブルだ」と言っていて、ぼくはドヒャアと驚いた。

『十和ものさし』より

村長が
トツゼン変って
パアになる

秩父カキシブ
男の石鹸
汗スッキリ
ナチュラル素材
シブの力
"柿渋"は古くから、染料、塗料など、
生活必需品として日常的に使用されてきました。
『シブガキ男の石鹸』は、秩父地方で
昔から栽培されてきた渋柿から作った"柿渋"を使用した、
ナチュラル素材の石鹸です。

男と女の石鹸

秩父カキシブ「男の石鹸」。よく売れた。

埼玉県にある皆野町《みなのまち》商工会の経営指導員・関口美恵子さんからの依頼で、ほんとうは「女の石鹸」になるはずだったが、ぼくがそれを性転換させてしまった。

皆野町は昔からの柿どころである。しかし、農家の高齢化が進んで収穫が間に合わなくなり、せっかく実がなってもポタポタと地面に落ちたままになっている。

その柿畑を再生させようと、関口さんは「柿のわ事業」を立ち上げ、熟れた実を発酵させて「酢」をつくり、青ガキからカキシブをとって「石鹸」を作っていた。

収穫するのは地元で結成したボランティアグループ「しぶがき隊」。このセンスがいい！

ぼくはちょっと笑ってデザインのスイッチを入れた。

縁もゆかりもない新しい土地に行くというのは面白いことでもあ

る。だからと言って何でもかんでも引き受けるわけではない。

それは柿のある風景を守りながら、山村が必死で生きていく道を探っているような商品開発だった。ぼくは柿という素材、山村の疲弊にも関心があったし、農家の悩みに惹かれて引き受けた。こういう熱量の高い人たちがいる土地の仕事は断れない。

ぼくの思う「よい風景」とはココロザシそのものだからである。

埼玉の関口さんがなぜ、遠い高知の僕にデザインを頼んでくれたのかは分からないが、「探してもいなかったのよね。梅原さんに出会うまで時間がかかった」と言った。終始一貫してぶっきらぼうな人だったが、地域への思いが深く、コーディネート力は素晴らしかった。

どの地域でも感じることだが、こういう熱量を持った人ひとりがコトを動かしていくのだけれど、それを受け継ぐ次の世代がどう育つのかが問題で課題やな。

最初にデザインを依頼されたのは「秩父の柿酢」。2007年にデビューし、翌年、シブガキを使った女性用の柿渋ソープのデザインの依頼が来た。1999年に資生堂リサーチセンターの研究で、高齢者の体臭の原因のひとつが「ノネナール」であることが発表され、そこから生まれたのが「加齢臭」というコトバ。以来、デオドラントブームがやってくる。

石鹸メーカーの測定によると、この皆野町のタンニンたっぷりのシブガキには加齢臭の元であるノネナールを76％も消臭する効果があるらしい。

しかし、デザインを考えているうちに、これは本質ではないのではないかと疑問符が頭に浮かぶ。「これは女性の石鹸と違うやろ。オヤジの石鹸、男の石鹸やろ」。

山から気取って出ていくものではなく、秩父の山からのっそりと出てきたものが、街の人に使われるのではないか？

そこで、まず「女の石鹸」のデザインをし、頼まれてもいないのに「B案」として「男の石鹸」のデザインを提案した。が、その後気を悪くしたのか、〝柿〟なのに〝梨〟のつぶて。関口さんから連絡がぷつりと途絶えた。

そして3ヶ月後、「男の石鹸で行きます」と連絡があった。

そこからは、パッケージに表記したコトバと、薬事法との戦いで〝柿渋パワー〟はあかん。〝ナチュラルパワー〟もあかん。〝角質トル〟

もあかんという不毛を繰り返し。最終的には骨抜きになったへなへなのコトバに変換されて世に出ることになった。

そこで、リーフレットは「天然由来　渋の力はあらゆるにおいをスッキリ　においに悩む男たちへ　ナチュラル素材の救世主」という、当局の指導を躱しながら、それなりに効きそうな泡立ちのよいコピーになった。どうや、なんも引っ掛からへんやろ。

チラシには「実際、大工の亭主にこれを使わせたらにおいがなくなった」とか、こちらが思いつかないようなアンケートの声がたくさん寄せられた。それをいくつか載せたら、爆発的に売れた。

マーケットで喜ばれるには自分たちで自画自賛した宣伝をするより、使った人の実感やエピソードのほうが面白く、さらに強いメッセージになる。

「パッケージデザインの75%はネーミング」というのが持論であり、ぼくの場合、そのネーミングとデザインはほぼ同時にできあがる。

「男の石鹸」は本質をズドンと直球で投げ込んだような商品名にしたために「臭い」と煙たがれてきた世のオヤジたちをちょっと幸せにする石鹸になれたのである。

女の石鹸

「男の石鹸」はその後、「男の石鹸シャンプー」にもなり、見た目がチョコレートにも似ているということで「バレンタイン用ギフト」にもなった。

ところが、そこに本質のひねり現象が現れた。「男のにおいをとる石鹸だから、亭主や彼氏のために買っていこう」という、ある種のフリや言い訳をしながら、実は女性たちが自分のための「女の石鹸」として買っているというのである。

売り場には「男の石鹸」というアリバイがあるから恥ずかしくない。堂々とパッケージに「男」と書いたために女性が使いやすくなるという心理的なトリックには気づかなかった。

デザインの本質を掴んだつもりが
実はその向こうに、もうひとつ
本質があったりもする

スミばあちゃんの
大阪だし
秘伝
無添加

大阪だし

メールの中にイレギュラーな仕事の依頼が飛び込んでくることがあって、それは妙にやり過ごせないものだったりする。

2021年1月、大阪の「スミちゃんの秘伝の万能だし」からの突然のメールには、〝パッケージデザインを頼んだらこんなん出来てきて悩んでますわ〟という写真と、三角巾をかぶって厨房に立つ80歳のスミばあちゃんの写真が添えられていた。

ほぼボランティアになりそうな気配なのに、ぼくは笑っちゃってその面白みだけで仕事を引き受けることにしたのだった。

メールはスミばあちゃんの娘の優子さんからで、阪神百貨店からの案内メールで「いりこのやまくに」を見かけ、ぼくにたどり着いたらしい。

いりこのデザインが自分らの商品に近い感覚があったのだろう。中身を表すのがデザインだから、自分たちもこんなデザインのものがええと思うたんやろな。

「万能だし」はスミばあちゃんが自家用に作っていたもので、その醤油ベースのだしの旨さが周りに知れ、分けてほしいという声が増えて来た。甥の妻の美幸さんもその一人で、〝大阪のばあちゃんが作るダシとしてもっと広く知ってもらいたい〟と、優子さんと一緒に商品化に乗り出したというわけだ。ズブの素人のオバチャンらのこの行動力がスバラシイ。

しかし、スミちゃん秘伝の万能だし、これはアカン。そのあたりは〝ステラおばさんのクッキー〟でもう終わっている。ステラおばさんって誰か知らんけど、すごい人なんかなと思わせる、その手は古い。そもそも、ばあちゃんをだしにして、だしを売るなんてあざとい。そういう代名詞がついた商品はイヤだ。

ほな、「大阪だし」にしたらどうや？　カッコええやん。それをばあちゃんが作ってるねん。

スタッフに商標を調べてもらったら、なんと、大阪だし、ないのよ。関西風だし、土佐だしのように一般名詞にあたるから商標はとれないのだそうで、しかもまだ、どこもこの名称を使っていない。すごいコトバの発明やん。

こちらは商標をとるお金もないのだから、ちょうどよい。大阪だし、そういう名前が持っているおいしさってある。よかったわあ。

ということで「大阪だし」という大きなコンセプトを小さな厨房に持ち込んだ。ぼくの中ではめっちゃ大きな構想になっていて、味が良ければ1億円企業になるかもしれへんで。

「デザインはネーミングが75%」というのが、ぼくのデザインの法則で、ぼくにとってはそれぐらい重要。そういう意味でも「大阪だし」はど真ん中を得たネーミングだと思う。

だからパッケージはあえてデザインらしいデザインはしていない。最初、「大阪だし」という文字を書家に頼んで書いてもらったが、高級感が出過ぎてしまう。ぼくの下手くそな字、ばあちゃんが書いたような字にしてみたらピタッとした。この「ぞんざいさ」こそ、自分がいつも目指しているところでもある。こうして、スミばあちゃんの家伝「大阪だし」はできあがった。

後日、そのばあちゃん御一行3人が、高知のぼくの事務所に押し駆けてきた。大阪のオバチャンのノリで、〝センセ、センセ〟と言いながら、ああなんですこうなんですと、面白おかしく喋ってくれる。

ぼくは小４の時に父の転勤で高知から和歌山に行き、大阪の大学を卒業するまで13年間、関西に住んでいたから大阪の笑いも刷り込まれてもいる。だから、ついつい同期してしまう。

なごやかに2時間が経ち、次に東京からのお客さんが待っていたので、すみません、このへんでと言ったら、ばあちゃんが生きている間に一緒に記念写真を撮ってほしいという。彼女らにとっての高知は、ぼくが観光地なのだった。

ユーモアという言葉の語源は〝ヒューマン〟だ。人間的ということがなぜ笑いに近いユーモアになるのか不思議だが、人間は基本的に笑いを持っているのではないかという考え方がぼくのベースにあって、笑いをデザインに使っていこうと考え始めるようになった。

過酷なものも笑いに変えてプラスにする。なんでもない砂浜が物事の視点によって変わるし、人を微笑ませることができる。視点を変えればヒューマンなことがユーモアになるのだ。

確実にデザインによって売れる、売れないというのはある。本当においしいものにはデザインは関係ないというところも、いろいろ経験してきている。けれど、やまくにのいりこのようにデザインに

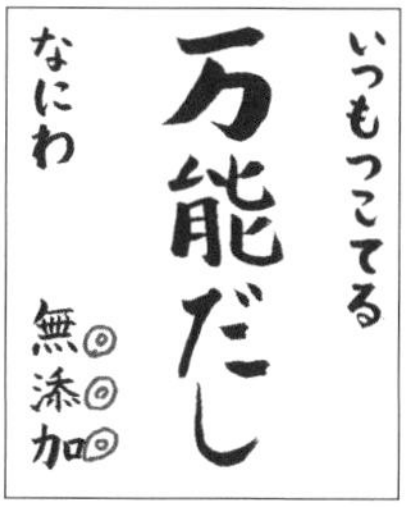

別案

よってAがBになることもある。そういうことが当然あるから、ボクはこの仕事をしている。おいしいをデザインすると思っている。おいしいをデザインしたらすべてが良いわけで、どうやったら売れるやろというのは、後から付いてくる気がする。

２０２２年10月、大阪梅田の阪急百貨店でぼくがデザインした商品を集めた「土地のチカラ×デザイン」という催しがあった。東京出張の帰りに立ち寄ったら、スミばあちゃんと娘が待ち構えていて「センセ、朝から待ってましたわ」と言い、そこでまた記念写真をとった。

ぼくはおばちゃんらのダシになった。

あるようでなかった
大阪だし
これはネーミングの大発明だった

四万十の
ひのき
風呂

ひのき風呂

四万十川のほとりに立って、カラダをくるっと一回転させてみれば分かるが、周りは山だけ、山だらけ。うんざりするぐらい木がある。ヒノキがある。

高知のヒノキは植林面積、蓄積量ともに全国一、特に四万十川流域に多い。

四万十のヒノキは木肌が薄紅色で香りが強いのが特徴で、昔から全国的に有名だった。しかし、時代の流れには勝てず、その木材の需要が減って山は荒れ、木は売れへん。

だからといって「売れない、売れない、売れない」と延々と嘆いているだけではアカンやん。この山と生きんことには何ともならん。

1994年に四万十川中流域の大正町・十和村・西土佐村3町村の第三セクターとして踏み出したばかりの「四万十ドラマ」にとって、自分たちで考え、自分たちの価値を作っていくことが、自分たち中山間の生き方を決めることになる。

この「四万十ドラマ」というセンスのない名前の会社に、農協を辞め、再就職したのが畦地くんで、最初の事業が『水』の本。続く第二弾のオリジナル商品として1997年に発売したのが「四万十ひのき風呂」だった。

その商品開発は、ある日、頭の中にユニットバスがぽっかりと浮かんだところから始まる。

田舎から上京した女子大生が、夜、お風呂に入る。アパートは必ず、ユニットバスやな。それでは感性が養われんから、ひのき風呂に入れてやりたい。

ひのきの板を浴槽のまわりに置いて、目をつぶってごらん。ジャパンフレグランスのひのき風呂やろ。

女子大生にひのき風呂をプレゼント。

この場合は空想というより、おっさんのアヤシイ妄想かもしれないが、こんなふうにぼくはいつも空想から商品をつくる。

可能性はこんな意外性の中にあったりするもんやで。

そこで、使い道がなく山に捨てられていた間伐材や柱の端材に着目。プラス思考でスライスして板にしてみたら、ひのきの香りと考え方が乗り移ったような9センチ角の「浴用芳香剤　四万十ひのき風呂」ができた。

浴用芳香剤、ここがポイント。

「間伐」というのは、林業にとって良質な材を育てていくためだけではなく、荒れた山を立て直していくためにも必要な作業。その間伐した木を「材」としてではなく、「香り」として捉えることで山の新しい価値、マーケット、ビジネスが見えてきた。

つまり、「林業のデザイン」。ぼくのデザインのすべての基本は一次産業になるのだ。

どこに目線を向けるか、まだ目を向けていない部分に視点を持って行くことで、世の中の価値を高め、世の中を楽しくし、楽しくすることのコミュニケーションを生み出すことによって、田舎のものが売れたらよい。

その「ひのき風呂」の製造は至ってローテクで、サステナブルだ。地元の高齢者でつくる木工グループが、間伐材を手作業で一枚一枚スライスして板にし、焼印を捺す。その板をヒノキチオールたっぷりの天然ヒノキオイルの薄め液に浸けるとさらに香りが長持ちする。

それをアルミの袋に入れて密封。開封すれば、あらまあ。ユニットバスがすぐさま「ひのき風呂」になる。

この天然ヒノキオイルを1リットル抽出するためには1トンのひのきの材がいる。商品が売れれば山の間伐も進んで、森林の保全、再生にもつながる。地元の雇用や産業にもつながる。

しかし作ったものの、ぼく以外、実は誰もこれが売れると思っていなかった。

発売から半年が経ち、ぼくもさすがにちょっと気弱になってきたころ、四国銀行から1200万円というビッグな注文が飛び込んできた。年金フェアのノベルティーとして使ってくれるという。

畦地くんによると、当時「高知県商品計画機構」という県の組織の中に「高知県特産品販売」というセクションがあって、そこに四国銀行から出向してきた人が目をつけ、提案してくれたのだという。

自分たちが驚いた。その後、四国電力、三井生命など、大口の注文が相次ぎ、なんと2年間で1億円を売り上げた。

企業がノベルティーとして買い上げることで高知の森林の応援にもなる。携帯できる癒し商品「ぽけっとひのき」も好評だ。

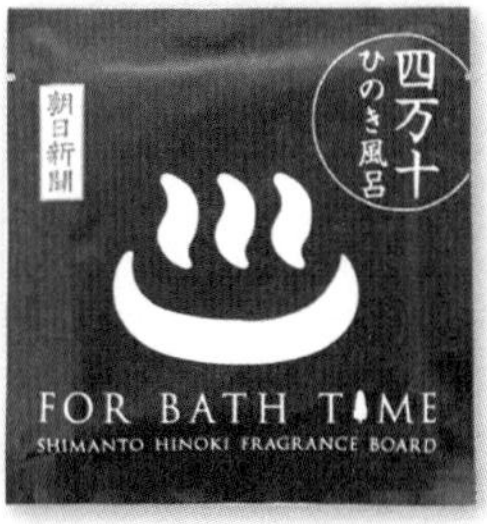

こうして発売から15年で約80万枚、末端価格4億円を売り上げ、立派な中山間ビジネスへと成長したのだった。

ちなみに。このひのき風呂、開封してお湯に浮かべるというイメージだったが、浮かべるとにおいがしないことが後から分かった。浴槽のまわりに置くと発散率が高く、4、5日はひのき風呂が楽しめる。

ぼくは空想が産業を作っていくのだと思っている。今のニッポンの産業がダメになっているのは、空想する人がいなくなったから。「知識」は空想の足を引っ張ってストップさせる。これが今の日本の姿でもある。

スティーブ・ジョブスも空想。ウメバラも空想。

ヒノキを
材としてではなく
香りとして捉えることで
新しい山のビジネスが
見えてきた

ろーかるでざいんのおと
田舎意匠帳
あのひとが面白い
あのまちが面白い
LOCAL
DESIGN
NOTE
鈴木輝隆・著
全国林業改良普及協会

みつばち先生

社会学者の鈴木輝隆さんを「みつばち鈴木」と名付けたのは原研哉。日本全国津々浦々までぶんぶん飛び回っているからで、ぼくは「みつばち先生のほうが可愛いやん」ということでこう呼んでいる。

かつて神戸市役所や山梨県庁のお役人で、総合研究開発機構を経て、現在は江戸川大学名誉教授であり、立正大学地域連携チーフプロデューサー。社会学者としてあらゆるものが自分のコンテンツであり、あらゆるものに興味がある。

地域経営やその研究対象となる地域とクリエーターを結びつける「ローカルデザイン」が、先生の活動域だ。

みつばち先生と出会うきっかけとなったのは、リクルート社の玉沖仁美さん。彼女とは「漁師が釣って漁師が焼いた　藁焼きたたき」の明神水産で知り合い、国土交通省の「半島振興法」の地域資源調査隊やら島根県海士町の「島じゃ常識 サザエカレー」などの仕事をした。

「梅ちゃんに会いたがっている人がいるから、会ってあげてくれない？」と言うので、1997年、熊本県と大分県と県境を接する宮崎県五ヶ瀬町で開かれていた「第1回日本上流文化圏会議in五ヶ瀬」に呼ばれて行った。みつばち先生は総合プロデュースをしていた。

先生は社会学的なことを専門としているから、ぼくのことをよく知っていて「砂浜美術館を作った人、この考え方の人、すごい」と、やや過大気味に思ってくれていたらしい。

その会議後の飲み会で「いやあ会いたかったですよ」と言いながら、ぼくの横にブーンと飛んできたのが初対面だった。

いわゆるキャラクター的には、ボクとまったく違うタイプの人で、五ヶ瀬で出会った数日後に「親友と呼んでもいいですか」と書かれたメールが届いた時には「な、な、なんなん、この人」とドン引きした強烈な記憶がある。

変な人だと思ったけれど、ローカルのデザインを評価する人だなということもわかる。日本温泉学会やお寺の境内でシンポジウムをやるとか、面白いプロデュースをしていた。

こうしてぼくは過剰なばかりに熱血で羽音の高い先生のぶんぶん

パワーに巻き込まれ、みつばちの「花粉」となって、北海道の鵡川町《むかわちょう》や新潟県の高柳町、岩手県の八幡平、大分県の湯布院や鹿児島、種子島など、あちらこちらに一緒に運ばれていくようになるのである。

当時のぼくはまだ、都会に背中を向け、あえて内を向いて生きることが自分の仕事のスタンスであり、高知以外の仕事はしないぞ！と頑固に決め込んでいた。

しかし、高知と同じようなニッポンのローカルを見に行くんだという大義名分を自分の中に見つけることで高知から全国へと引っ張り出してもらえたようにも思う。

その〝みつばちと花粉〟の旅はいつも「連れてってあげるよ」という、先生の決まり文句から始まる。

もちろん、ボクはありがたく連れてっていただくのだけど、彼は日本の隅々まで本当によく知っているし、実によく人を見ている。

高柳町の春日俊雄さん（165頁）、秋田の鶴の湯の佐藤和志さん（69頁）しかり、会わせてもらった人たちは確かに皆、魅力的で人柄がよい。地域にこういう人がいて、それぞれが地域の存在であり、彼の研究対象としての場所は焦点が正確なところに当たっていて、結構おもしろい。

ローカルはデザイン意識がないから、その地域を活性化させるためには、土地の人の思いや個性を形にしてくれるデザイナーが必要だと、いち早く気づいた人でもある。

また、先生はいろんな種類の花粉と引き合わせてくれることも多く、そのひとりが原研哉さんであり、隈研吾さん、ナガオカケンメイさんら。大学教授なのに、とにかく人のためにそういうことを一生懸命やる。

原さんとは北海道のニセコで知り合って25年ほどになる。とあるイベントでたまたま一緒にカヌーに乗り合わせ、大男2人で必死に漕いで以来の付き合いだ。

そして、われら花粉たちは先生と一緒に地域に飛んで行っては時に「受粉」もする。受粉というのは仕事の話のことである。

そうやって花粉として日本のさまざまなところを訪ねて歩きながら、地域とデザイン、ローカルの生き方、日本という国のカタチや輪郭を学んできたというわけだ。

「ローカルデザイン」というコトバも、このミツバチと花粉の旅か

みつばち先生（イラスト：原 研哉）

ら誕生した。２００１年、みつばち先生や原さんと一緒に鹿児島県種子島を訪れた際、酒を飲みながら何やら熱くなり、「日本の地域を魅力的にしているデザインをローカルデザインと呼ぼう」と話し合ったのだった。

デザイン的な知識から始まるグローバルな知識については、原研哉さんのほうが同業者なのでストレートにアタマに入ってくるが、社会学的な見地から見ると、やや学問的なことの情報はやっぱり、みつばち先生にはかなわない。

あらゆる社会問題、政治問題に精通していて、先生には自分の無知を恥ずかしがらずに何でも聞けるし、教えてもらえる。

その付き合いも30年近くになり、今や親しき友ではあるが、たまにブンブンうるさい。

連れてってあげるよ
みつばち先生と
ボクら花粉の旅は
いつもその一言から始まる

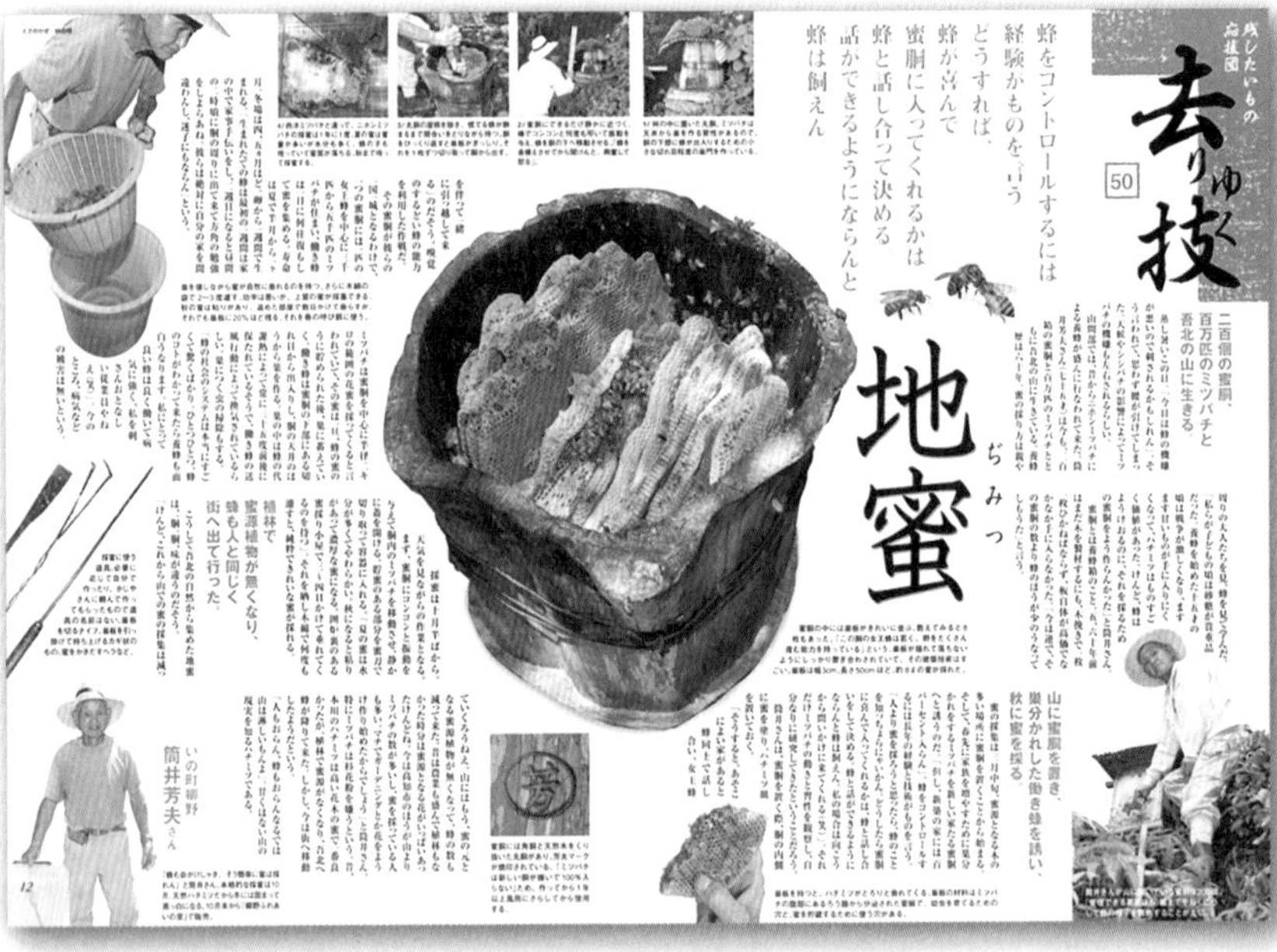
残したいもの
応援団
去りゆく技
50
蜂をコントロールするには
経験がものを言う
どうすれば、
蜂が喜んで
蜜胴に入ってくれるかは
蜂と話し合って決める
話ができるようにならんと
蜂は飼えん
二百個の蜜胴、
百万匹のミツバチと
香北の山に生きる。
地蜜《ぢみつ》
山に蜜胴を置き、
巣分かれした働き蜂を誘い、
秋に蜜を採る。
植林で
蜜源植物が無くなり、
蜂も人と同じく
街へ出て行った。
いの町柳野
筒井芳夫さん

ビッグデータ・とさのかぜ

13年間も高知県の文化広報誌の編集長をやっていたことがある。それが『とさのかぜ』。1996年から2010年まで年4回、54号でページを閉じた。コンセプトどおり、「見えない文化が見える本」だった。

発行は高知県文化環境部だが、編集は「文化の県づくりを進める県民ネットワーク」。1995年、当時の県知事、橋本大二郎さんの肝いりで召集がかかった県民25人で組織されていた。

そのメンツが面白く、川村一成の名前もあった。ものいう百姓で全国に仲間を持つ男だ。来ないかもしれないから「とりあえず1回一緒に行こうや」と、ぼくの方から電話をかけて誘った。

創刊はその翌年のことで、振り返ってみれば、政策の中に文化を持ち込もうとしていた橋本県政の中で、経済目線でない「豊かさ目線」で高知を見つめたのが『とさのかぜ』だったのではないかと思う。

編集長となったのはボクのキャラのせいで、創刊1号を見た時、

「これのどこに文化があるんや。面白うない。雑誌は編集長がいて作るもの。みんなで作るはおかしいんと違うか」と怒ってしまったために、全然やりたくなかったのに墓穴を掘ってしまったのだった。

まず、毎号、漢字1文字で名前をつけて土佐を切り取り、編集をしてはどうかと提案。そこから木の号、魚の号、酒の号、海の号というふうにテーマを決め、編集委員がその1文字から連想される人物や話題をコンテンツに合わせて持ち寄り、多数決の民主主義で選んでいくという方法。

その1文字に絞ることで、なんとなく漠然とした雑誌よりも焦点が合ったのではないかと思う。

文字から連想する印象的な人物を巻頭の「ウインド」というコーナーで紹介することで、後に続くコンテンツが整った。編集する上でこれが大きかった。「風」は窓から吹いてくる。

22ページからなるその雑誌は、「ウインド」から高知の旬を知る「季節からの電話」、時代から退場していこうとしている土佐伝統や技を記録する「去りゆく技」、〝いも天〟や〝森林率〟など県民目線で独自に認定する「勝手に重要文化財」など、いくつものコンテンツで構成され、結構、機知に富んだ内容だった。

そして、そのコンテンツを縦に蓄積していくことで、土佐文化のデータファイルとなり、いつかこの本が役目を終えた時、県民の財産として役立ててもらおうと、未来のための編集をめざした。

登場するのは市井の人々。できるだけミクロな選択にこだわった。昔、高知のことを研究していた大学教授が「善にして大いなるいごっそうこそ面白い。それは野にいる」と言っていたが、ほんとうに高知はフツーの人が漫画みたいに面白いのである。

その取材相手が土佐弁であれば、「」で語る部分は土佐弁にする。方言が県外の人に通じなくても別によい。この高知にいながら、高知がもっと好きになる、土佐人であることが嬉しく誇らしく思ってもらいたい。それは自分たちの足もとを見ることでもあった。

だから県庁の発行物なのに、県の情報は一切載らないという自由な構成。行政っぽくない面白いものにしたかった。それが県外の人たちの共感を呼び、県の発行物としてはめずらしく全国に大勢の定期購読者を持つようになる。

しかし、役所特有の公平性やら、なんちゃらで、途中から共同入札やら、コンプライアンスからコンペとなり、だんだん文化より経済という空気に変わっていく。

ついに我慢しきれず、40号の発行がコンペとなった時、ぼくはその壇上でガオガオと吠えたことがある。

継続していくことで情報を蓄積しながら、高知県の財産を作っているのが、わからんのか。予算がなければお金がかからない方法でいくらだって提案できる。それが文化でデザインや。

怒りながらもう3年で終わりやなと思った。

いざ、廃刊するとなると「やめないで」という投書の手紙やハガキがたくさん届き、2年継続となったが、もはやそこまで。やはり行政はそういうところだった。

ぼくらはもう行政に翻弄されたくない。だから最終号は「風」の号と決めていた。ボブ・ディランではないけれど、その答えは風の中。

その「風」にふさわしい人物を探していたら、高知からフランスに渡り、パリのオペラ座の近くでうどん屋をやっている面白い人がいるという。

それが国虎屋フランスの野本将文さん（38頁）。高知県安芸市に本

店があり、唯一の支店がパリというユニークさ。行列ができる人気店で、パリに新風を吹き込んでいた。

よし。ぼくとカメラマンとライターは大きく出る。パリに飛ぶ。

ぼくが彼らに10万円ずつカンパし、あとは自費。別にそんなに制作料をもらっているわけでもないのに、自分らで金を使って散財する。ここが土佐人らしいところ。

最後は「カフェ・ド・フロール」という有名なカフェに行き、シャンパンで乾杯。そうでもしないとシャクやんか。

なんてアホな高知県だろう。そしてなんとアホなぼくたちだろうとバカ笑いしながら、シャンパンの泡とともに飲み干したのだった。

13年間
土佐を蓄積し
縦に積み上げて来た
その答えは風の中

いのうえ農場
つや姫
いのうえ農場
コシヒカリ
いのうえ農場
はえぬき
いのうえ農場
雪若丸
いのうえ農場
ひとめぼれ

いのうえ農場

惹かれたのは、庄内平野という地名。映画『おくりびと』のフィールドで、しかも家族経営の小さなユニットで生きる米農家からの依頼というだけで「ほな、行こか」となる。

伊勢の畔蛸《あだこ》、北海道の留萌《るもい》もそうだったけれど、ぼくはその土地の名前に心が動いて仕事を引き受けてしまう習性がある。

その米農家からの依頼メールには「予算は25万円しかない。けれど県の補助金を申請しているので、それがとれたらもう30万足して55万円になります」と書いてあった。

まあ、庄内平野や、しょーない。

ということで、うちのスタッフと2人で山形県鶴岡市の「井上農場」を初めて訪ねたのは2014年の秋。

ちょうど稲刈りのまっただ中で、立派なコンバインが忙しなく田んぼを駆けていた。大きなサイロや自家用のライスセンターまであって、なかなか大規模な農場であることがわかる。

父子二代で営む専業農家で、お父さんは農協の元職員。意見の相違で農協を辞めてしまったらしい。そういう人がぼくは嫌いではない。その気骨のある父を中心に息子と娘さんが米づくりと経営に励む。未来が見える農家の姿だ。

田んぼに立つと南北に高い山が見える。聞いてみると、太平洋側すなわち宮城県側にあるのが月山で、日本海側にあるのが鳥海山だという。その間を最上川が流れている。

ぼくは、その井上農場の田んぼから見える風景風土をシンボルにデザインをした。庄内の人々は代々、この山を眺めながら田を耕し、稲を植え、朝は朝星、夜は夜星で働き、生きて来たんや。ぼくはこういう風景にリスペクトがある。

デザインした米袋に横たわっている棒線は、その庄内平野の大地をあらわしていて、右端にそびえるのが月山、左端が鳥海山。ロゴの下に作柄名を記しているフィールドが田んぼにあたる。

米はコシヒカリやはえぬき、雪若丸、ひとめぼれ、つや姫の5品種あって、ひとめぼれのロゴはぼくがデザインし、あとは山形のブランド米としての既存のロゴを使用。風景風土の中に生きる生産風景を5つの米袋に表現した。

作業を進めているさなか、農場から「補助金は取れませんでした」というザンネンな連絡。相手の予算に負担をかけないように高知から山形に行って泊まって、翌日、電車で秋田県に向かうハードなスケジューリングまでして行ったのだったが。

でも、庄内というその土地の光も見られたから、まあええか。それでもやはり、心惹かれる場所ではあった。

先方からはその米袋のサイドに「愛情いっぱいのお米です」というコメントを入れたいというので「止めなさいよ」と、ぼくはちょっとキレた。農家は自分であまり語り過ぎんほうがええ。向こうからは「素人なもんですみません」みたいなやりとりがあった。

そしてデザインを送り、仕事が終わった。しばらくしてメールがきた。「制作料の中に旅費は含んでもらってよかったでしょうか?」と書かれてあったらしい（ぼくはスタッフから口頭で聞いている）。

「はぁ?」。相手の心が見えないから、ぼくは機嫌が悪くなる。それからはスタッフ任せでコンタクトに応じていなかった。

だが、農場からは年貢米のように毎年、全種類の米が送られてくる。

しかも添えられた手紙にはいつも「うまくいっています。梅原さんのおかげです」と書いてある。

ぼくは、あちらこちらでこんな仕事ばかりしているから、米やらジャコやらタマゴやらがギャラ代わりに送られてくる。デザインとの物々交換みたいなもんや。

それから7年後の2022年5月、「(株)井上農場」として法人化することになった。梅原さんしかいないのでと、再び社名のロゴデザインの依頼があった。この7年間の年貢米で制作料が整ったとは思わないけれど、ロゴを作った。

いのうえ農場の「い」の字を向かい合うオヤジと息子に見立て、シンボリックなロゴにした。左が骨太なお父さん、右が跡を継いでいく息子が田んぼに立っている。

風景風土のデザインに、今度は家族の風景を添えた。

ぼくの土地のチカラを引き出すデザインには、その土地、その家族、その人、生産現場を取り巻く風景は切り離せない。

さて今回の法人のロゴができ、ロゴマニュアルも作り、納品した。とても喜んでくれた。

（株）井上農場
山形・庄内

このマネージメントはモンダイなくうまくいった。

2022年10月、大阪の梅田阪急で「土地のチカラ×デザイン」という展示イベントがあった。

阪急サイドからの持ち込み企画で、いりこのやまくに、ゲシュマック、青柳や四万十ドラマなどと一緒に井上農場さんにも参加してもらった。その際、久しぶりに社長に会ったが、熱心にも一週間泊まり込みで売り場に立ったらしい。

イベントとしての売り上げはあまりよろしくなかったようだが、ぼくはいろんな機会を通じて一次産業の人々にこそ、「デザインは経営資源である」ということを知ってほしいと願っているのである。実は。

土地の名前に
惹かれて行って
よかったでしょうか

空想のチカラ
図画・工作とデザイン
黒潮町教育委員会

図工・デ

子どもが苦手なぼくが、小学生にデザインを教えている。これがわりと面白い。

黒潮町の畦地和也教育長が「デザイン教育」として、ぼくの教科書をつくりたいと言い出したのがコトの発端だ。

30数年前、畦地さんは「砂浜美術館」をともに作り上げた仲間で、当時、教育委員会の職員だった。そして企画調整係だった松本敏郎さんは町長になった。この二人がいなければ、ぼく一人で砂浜美術館はできなかった。

その黒潮町が、くしくも20年ほど前からぼくが考えていた「図工・デ」をロールモデルとしてカタチにしてくれようとしているのだから、なんだか感慨深くもある。

1週間かけて、子どもたちのためのカリキュラムを作った。

自分が子どもだった頃のことをフィードバックして考えてみると、何かモノを作り始めていくスタートラインというのは「図工」だった。高知城に行って絵を描きなさい、何か工作をしなさい。でもよく考えてみると「図画・工作」というコトバが意外に思考を停止させるコトバだった。

たとえば青いクレヨンばかりで絵を描いていると、ダメよ、もっといろんな色を使って描けと叱られる。もし、デザインの目線で見たら、すごいな、キミ！となるかもしれない。

日本の教育の場面ではデザインの概念を知るということは少なくて、小学校は「図工」、中学高校では「美術」。美術系の専門学校や美大に入らない限り、デザインというものに対する教育はない。

けれど、デザインは人の気持ちや立場に立って考えることでもあり、夢や空想をカタチにしていくために必要なハートのデザインでもあるのだ。

「デザインの目線」とは、一体、何か。

そこだけでも小学校の時点で知っていることというのは、子どもたちにとって大きい。(と、思う)

三浦小学校では小学3、4年生に教えているのだけれど、10年後20年後、この子どもたちがデザインの概念を持って役場や会社で働き始めた時、社会を変える問題解決ができるヒトになっているはずだ。

授業では、子どもたちに「砂浜にアイスクリーム屋さんができました。パラソルとアイスクリーム台とおじさんがいます。あなたはどんなアイス屋さんがいいですか」と問いかけるところから始まる。

レンガ、木が一本立っている、わらぶきと背景をどんどん変えながら、スライドを見せていく。

すると、子どもたちがきゃっきゃっと笑う。それが「デザイン」なのよ。

次に「お店の名前を考えます」と言い、名前もどんどん変えて見せていく。お店の名前も「デザイン」なのだと教えていく。

名前が変わっただけで、どれだけ印象が違うのか。それがわかるから、子どもたちは笑うのよ。そうやって名前一つで人の気持ちを変えることができる、それが「デザイン」なのだと感じてもらう。

デザインというのは、あらゆるものにあって、子どもたちの家にある家電も家具もデザインされている。お母さん、お父さんなりのデザインの目線を持ってチョイスしている。たとえば今日はどんなことをして遊ぼうかというのもデザインの一つだし、生活の中でた

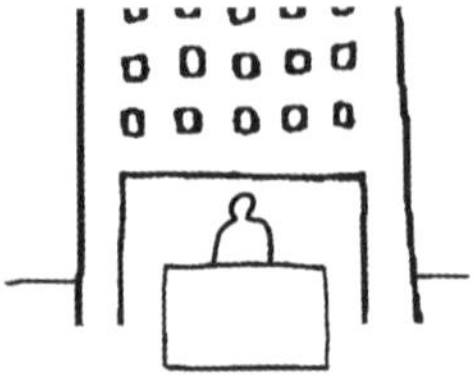

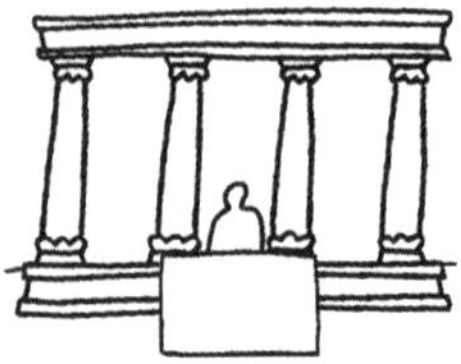

くさん関わっている。

そこにデザインという概念をカラダの中の引き出しとしてタノシク埋め込んでいけば、彼らの子ども時代がもう一回り大きな豊かさを得られるはずだ。

「図工」の下に「デ」。それでよくて授業の内容を変えなくてもええのよ。

これが社会に対して一番早いデザインのアプローチであり、その意識のスタートが「図工・デ」になると、ぼくは考えているのだ。

と、ここで急にぷんぷん怒りたくなってくるのだが、感性やわらかな子ども時代にこういうこと、つまり「デザイン的思考」を教えていないから、ニッポンはこんなつまらない国になったのだ。空想がビジネスを作り、産業を作るんや。空想は「資源」なわけよ。空想の足りないニッポンからスティーブ・ジョブスは生まれてこない。

そもそも「後期高齢者」なんてイヤなコトバを何の違和感もなく平気で使っている。人の気持ちをおもんばからないネーミングだと気づきもしない。ここが一番、ニッポンの問題。

デザインという概念、デザイン的思考のない官僚さんが政治の運

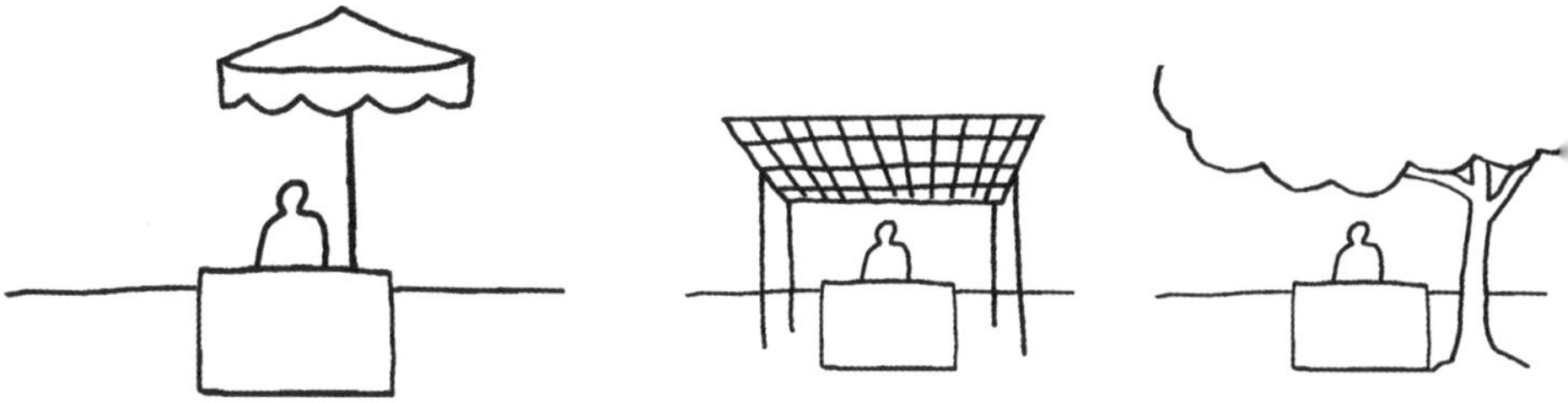

営をしているから、こんな国になるんや。「おこるデ」。

以前、「シルバーホン」というのがあったけど、〝オレ、シルバーじゃないわっ〟とぜんぜん売れなかった。2年後、「らくらくホン」とネーミングを変えてヒットした。それだけで経済が3～5倍になったらしい。これもデザイン。

ハートをコントロールするのがデザイン。人の気持ち、心の中のデザインをするわけで、人間的な、ヒューマンさで負けたら、ほとんどのものが負ける。

小学校の図工の一画に「デ」入れてくれるだけでええんやデ。

教育に
どうのこうの
言うつもりもないのに
空想なきニッポンに
どうのこうの言いたくなる
ワタクシ

ニッポンの
風景を
つくりなお
一次産業 × デザイン =
重塑
日本風景
ニッポンの
風景を
つくりなおせ
頂尖設計師的地方創生筆記
梅原真 著

重塑日本風景（チョンスー・リーベン・フォンジン）

なんデ？　という気持ちが今も強いが、２０２１年、ぼくの著書が台湾で立て続けに翻訳、出版された。

『おいしいデ』が『設計好味道』、『ニッポンの風景をつくりなおせ』は『重塑日本風景』、ぼくは「始祖級地方設計大師」らしい。

コトの発端は、千葉大学の博士課程で学んでいる台湾出身の蔡奕屏《ツァイ・イーピン》さんからのメールだった。

２０１９年に来日し、偶然、『デザインノート』という雑誌を見て、ぼくを知ったという。台湾の出版社から頼まれて取材をしたいということで、高知にもやってきて、ぼくは彼女の質問に答える形でインタビューを受けた。段取りよろしく馬路村にも取材に行ったようでその行動力はスバラシク、ややゴリ押し感がないでもない。

そのうち、「本を作るのでホームページから作品を拝借してもよいか」と聞く。

「それはヤメテ。印刷用の解像度がないものもあるのでこちらから提供します」と言ったのだが、その1年後に「地方設計」という本が送られてきた。

えっ、この写真はどこから？ と怒っていたが、スタッフから「作品のデータを送りました」と報告があり、とんだ勘違いということが今わかった。

ゴメンナサイ！ ツァイ・イーピンちゃん。

その雑誌は巻頭から45ページにわたって、ぼくが始祖級ナンチャラとして登場しているツァイ・イーピンちゃんのロングインタビューが載っている。続いて日本のいろんなデザイナーも紹介されている。

本が届いて1ヶ月後に彼女から「私の本はどうだったか」とメールで問うてきた、ぼくは写真の件でムッとしているから「中国語がわからないので、わかりません」と返信した（スンマセン）。

実は彼女が訪ねてくる前から、ぼくの本を台湾で出したいという打診は出版社から来ていた。羽鳥書店との間をつないだ。しばらく双方からは何も言って来ない。

そしてある日、台湾の出版社から本が2冊送られてくるというパターン。おまけにメールで「梅原さんのビデオレターを3分ほどにまとめてもらえませんか」という。「わたしはシャイなので、それはできません」と返事をした。

その後、香港の有名なデザイン誌『観念与設計（DESIGN 360°）』でもぼくの特集が組まれ、杭州にある「中国美術学院」というところから特別授業のオファーがあった。

専門学校の「○○デザイナー学院」のような気がしたので、暫くほっといたがスタッフが調べて、「中国三大美術大学」の一つですよ！という。日本で言えば東京藝大、多摩美、武蔵美みたいな感じ。授業料もちゃんとしているし、「ほなやろか」となった。

「私たちは英語が大丈夫だから、英語で授業をお願いします」というが、いやいや、こちらがアカンがな。レクチャーだけならなんとかなるが、フリーな質問に答えられる英語力はない。

すると向こうが日本語の通訳をつけてくれた。ぼくはカリキュラムを組み立て、オンラインで2ヶ月にわたって1コマ90分。10回の講義を行った。

この大学は中国政府から、象山《シャンシャン》という港町の漁村のリノベーションを依頼されていた。

ぼくの本を読み、その成功事例として考え方を知りたいということだった。30人ほどの学生たちはとにかく熱心で、レクチャーが終わると矢継ぎ早に質問がバンバン飛んでくる。

しかも、ずんずん突き刺さってくるような核心を突いた問いなのだ。デザインレベルも相当進んでいる。「ああ、日本はそのうち負けるな」と心底思った。今の日本の学生たちにこの熱心さ、クレバーさはない。ヤバイよね。

この状況を客観的に眺めてみると、ぼくが中華圏で注目されている背景には2014年、第二次安倍内閣発足後に安倍さんが発表した「地方創生」にあるようだ。（実は第二次安倍内閣の初心表明演説のなか。島根県の離島、海士町は「ないものはない」と独自のアイデンティティを打ち出しガンバっているではないか！と、私のコピーが引き合いに出され、複雑な気持ちになった。）

台湾でも日本に倣い、2019年から地方創生政策を打ち出していて、「ローカルこそ」が資源だと気づき始めた。そこで「地方は自分で考えろ」と提言するぼくを通して、アジアの国々が日本のローカルが直面する課題と解決策に強い関心を持っているのだろう。

Published by：
Sandu Publishing Co.,
Limited（Hong Kong）

この本はマレーシアの新聞でも紹介され、香港の大学からも講演の依頼も届いた。これが今のアジアのベクトルでもある。

自分たちの目線を変えるだけで、誇りが生まれ産業になる。

それぞれの土地の力で生きていくべきだと、経済主義で生きてきた日本に警告として伝えたいと思っていたが、そのぼくの考え方が台湾や中国にも通じたのだと思うと、悪い気はしない。

彼らがこの先、失っていくだろう風景を、すでに先に失った日本が教えてゆくべきではないか。ただ、彼らにはそれをどんどん取り入れる熱量と度量がある。

日本はいつまでボンヤリ立ち止まっているつもりなんやろな。この脅威にも気づいてないんとちゃうか。

台湾や中国も
「ローカル」が資源だと
気づき始めた

B案

コロナ前のこと。小布施堂の十七代当主市村次夫さんの古希祝いが東京のホテルで開かれた。

大きな丸テーブルの左どなりは建築家の伊東豊雄さん、遠くに隈研吾さんがこちらを向いていた。出席者の紹介ペーパーには主催者側からの一言が添えられていて、

隈さんは「日本で最も有名なA案」。伊東さんは「日本で最も有名なB案」。そしてボクは「デザイン界の龍馬はオレじゃきに」と書かれていた。

かつて国立競技場をめぐって話題となったその A案とB案のはざまの席でドキドキしていたボクが2021年秋、B案のほろ苦さを味わうことになる。

高知市にある桂浜公園が40年ぶりにリノベーションすることになり、その「桂浜公園指定管理者」の公募というプロポーザル形式のコンペに、うちの事務所も参戦することになった。

「青柳」という「土左日記」を作っている老舗菓子メーカーのシゴトをしているのだが、その青柳さんの店舗が桂浜にもあり、その流れからこうなった。

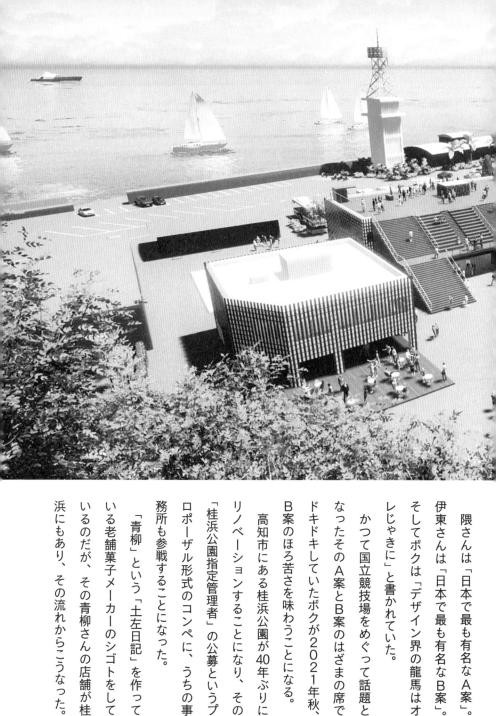

今もそうだと思うが、子どものころ、春の遠足は桂浜だった。

そして坂本龍馬の銅像は、1928年からこの地に立っている。

ボクが初めて龍馬サンの銅像に会ったのは幼稚園児の時で、明治維新をつくった立役者とは知らず、なんかでっかいおじちゃんがいるなぁと思いながら、浜辺で五色石と呼ばれる石を拾い、波にじゃぶじゃぶ濡れて、ありゃありゃという遠足。ここは月の名所であり、高知市民にとっては憩いの場所でもある。

本来、観光というものは、その土地に住む人々の暮らしぶりを覗かせてもらうというのが観光のはずだった。

ところが市民が憩う場所に、観光客とともに経済も一緒にバスや車に乗ってやって来るものだから、結局、そこは効率のよい観光シフトになってしまうわけで、経済によって本質が変異していく。

この桂浜の風景や状況を次第に変えてゆき、現在はお土産屋さんが立ち並ぶ商業エリアを通らないと龍馬像に会えず、浜にも降りられない構造になってしまっている。

しかも観光客の滞在時間は30分ほどと短く、観光バスでチャッと来て、チャッと見て、チャチャッと土産を買って帰る。こんなユタカさのない桂浜になっている。その商業施設群はちっともステキではなく、ボクはこの場所の在り方にずっと不満を持っていた。

ということで、ボクが考えたコンセプトは「地元市民も楽しめる龍馬の聖地」。市民が半分、観光客が半分という考え方である。

ただし、今ある建物や施設は耐用年数を超えていないから、まだ10年間は壊せないというのが前提だ。

そこでサスティナブル・リノベーション・デザインとして、森林面積84％の日本一の森林高知の豊富な木を使ったプランを中心に提案。老朽化したメインの建物を「木の大階段」で覆い、屋上は太平洋を眺める「カリフォルニア広場」とするなど、桂浜の大きなシンボルであり、ランドマークとなるはずだった。

大正時代から歌い継がれている「豪気節」という旧制高知高校の寮歌があって「此の浜よする大濤はカリフオルニヤの岸を打つ」という歌詞がある。高知の青年らしい壮大な気宇があって、龍馬像を建てたのもこの高知県青年有志。

かつて桂浜は青年たちの熱き魂を揺さぶるようなソウルフルな場所だったのである。

今のニッポンの若者には、そういうココロザシが足りない。

実はその大階段の木は、龍馬脱藩の道のある梼原町《ゆすはらちょう》の協力で、龍馬が駆け抜けていった韮ケ峠のスギ、ヒノキを使用するという話まで取り付けていた。

そうすることで土佐に生まれ、土佐を捨て、日本のために働き、銅像となって帰って来た龍馬の人生が、この桂浜で大きな物語となってつながっていくのではないかと思ったからだ。

また、しばふ広場やキリンビールとタイアップした「きりん食堂」など、大人も子どももフリーな気持ちで遠足気分が味わえる施設群、龍馬ファンにとっては龍馬に会う前の心を整える場所になるよう、少しでも滞在時間を長くするための工夫を施した。

そう。これは龍馬サンに会いにいく道のデザインなんや。

そういう精神がこの聖地桂浜にはあって、高知県民はこぞって足を運んでいる、そういう場所に県外の観光客も足を向けてみたい。

そういうポテンシャルが一番大事な観光の要素なのではないか。

高知から生まれた自由と権力に抗うチカラ、これが高知県の財産。

それが桂浜にあれば、これが財産やん。

木の大階段・カリフォルニア広場

しかし、聖地だとか、精神的なものを言ってもイカン。金じゃき、経済じゃき、人が来んといかんがじゃきに、と、まだ経済を中心としたものを選ぶんやな。ここに及んで本質が読めない高知かよ。と、いうことで落選しました。B案のほうがいいのにとは言いません。まあ、いくら吠えてもB案はB案。

この案。実は、隈研吾さんに頼みたいとずっと思っていた。10年しか機能しないこと。頼めるだけのお金がなかったこと。で断念した。

2023年3月4日。桂浜公園がリニューアルオープンした。龍馬の聖地はどうなったのか？　だれかみてきてほしい。

地元市民もたのしめる
龍馬の聖地
地元民半分、観光客半分

茶ゼミ

実技 茶摘み娘になって新茶をつむ／茶もみ／お茶会

座学 世界と日本の茶の歴史／茶の種類／各地の紅茶飲み比べ

あゆゼミ

実技 投げ網で鮎をつかまえる／鮎を調理して食べる

座学 鮎はなぜおいしいのか？鮎の生態からおいしさの秘密を学ぶ

沈下橋ゼミ

実技 上流から下流まで四万十川の沈下橋をめぐる

座学 沈下橋がなぜ台風で氾濫を免れるか？日本唯一という独自な形が生まれた理由

しいたけゼミ

実技 美味しいたけの収穫を体験する／原木しいたけのホダギをつくって食べる

座学 原木しいたけを育てる工夫／天候との戦い／菌床の管理／コマ打ち

小さな林業ゼミ

実技 小さな林業の現場を体験する／間伐材や枝打ちなどを学ぶ

座学 小さな林業が脱サラにつながる理由／長く続く身をつくるには

いの・しかゼミ

実技 狩猟を体験するおなを仕留めてジビエをつくって食べる

座学 狩猟が必要な理由／狩猟ライセンスのとりかた

地栗ゼミ

実技 栗の収穫／栗の皮むき／栗を育て育てる

座学 栗の特性を学ぶ／おいしい育て方をするために／栗の歴史

薪割りゼミ

実技 薪割りを学ぶ／いろんな種類の薪をくべてみる

座学 ひのき、すぎ、かし、くぬぎなど種類の薪割の違いを学ぶ

しまんと分校

本校はどこにあるのかアバウトだけど、ボクの頭の中ではなんとなく東京あたりにあって、それは日本政府のような気もするし、大手代理店のようにも思えるし、東京大学かもしれない。

デザインで言えば、東京で活躍しているデザイナーだって本校っぽい。

本校の人に田舎の端っこの人の姿なんて目の中に入らない。

そのへんの本校に向かって「いや、そうじゃないでしょ、こうでしょ」と言っているのが、分校のボクのデザインだ。

分校とは中心より端っことという意味。分校はローカルでもあり、小さきものでもある。

たしかに本校が作るものは素晴らしかったりするが、その昔、映画『二十四の瞳』で見た小豆島の分教場のような小さい分校の感覚もすばらしく、そこに真実があったりもする。本校は意外に本質を見抜かないし、分校のほうがむしろ、直感的な本質を見る目があって、焦点があっているのではないか。そういうアゲインストな意味もある。

アンケートによると、東京ではまだ行ったことがない県は高知県と秋田県が上位らしい。どうせならビリがよい。ブービーは面白くない。ヘンピであればヘンピだけ強いやん。端っこの個性ある四万十の一点から何やら叫ぶ。

本校より、分校。しまんと分校である。

２０２３年秋開校予定。川向こうにある古民家が分教場だ。

ユタカさとは何かを議論する場所であり、誰かの話を聞く場所であり、宿泊して語り合う場でもある。

もともとは四万十ドラマの会計でお世話になっていた東京の会計士中平幸信さんのご実家だった。お母さんが住んでいたが亡くなられたので、ご自分も年齢的にもう四万十には帰れないから、家や土地、畑を寄付したいというありがたい話があった。

その古民家はボクが10年以上前からプランニングしていた「しまんと分校構想」にぴったりだった。いよいよ、ボクの「本校ではない分校」のアウトプットが始まっていく。

リノベーションしてくれるのはMUJI HOUSE。

ニッポンの本校あたりがバブルに浮かれていたころ、ボクは四万十川にかかる沈下橋の向こうに4年住んだ。

四万十川沿いを走る国道から外れて谷に下り、茅吹手の沈下橋を渡って家に帰ると、さっきまでいた川の向こうの社会が違って見える。

橋の向こうとこちらでは1本の線が置かれていて、川の向こうのほうがセンターに近い。

当時、緑のトンネルのように美しかった道が二車線化をめざし砂ぼこりをあげて進むのを、ボクは向こう側から見ていた。あの砂ぼこりは、経済大国へと突っ走っていくニッポンの姿だった。

沈下橋にも人格のようなものがあって、行き過ぎている社会、やさしさもないような社会、弱者が生きていけないような社会、おそらくそういうものを含めた感情で、ボクは沈下橋を見ていた。このことがボクの人生のすべての大きなデザインの視点でもある。

沈下橋は大雨の時に増水すると水に潜って渡れなくなるけれど、自然の力が強いのだから、渡れなくてもしょうがないじゃない。雨が上がれば橋はまた、ひょっこりと姿をあらわす。このぐらい、この程度の方がちょうどいいなと知った。

ここにシフトするぐらいの政治感覚、社会全体の価値観が沈下橋をよしとするような社会になればいいなと思っているところがある。

しまんと分校にはぜひ、都会からその沈下橋を渡って講師の先生に来てもらいたい。田舎の人は有名人が大好きである。そして洪水で橋が沈んだら休めばよい。

そしてカリキュラムは実技と座学がセット。たとえば、あゆをジブンで漁って食べる「実技」と、魚類生態学の話を聞く「座学」で1単位となる。茶摘み、栗拾い、薪割り、狩猟など、魅惑の実技のその都度、地域の人たち、時に林業家や川漁師、ジャーナリストなどが登場し、田舎の知恵を伝授する。有名人の話はオンラインやらで聞けるが、地元の川舟大工のじいちゃんの話は聞けんやろ。

1泊2日で1講座ずつ。10単位を取得すると「しまんとMBA」が授与される。

ボクは日本がダメなのは実技と座学のうちの座学ばかりやっているからではないかと思っている。実技の中から発見することというのは大きな地球の未来に対してのことなのに、記憶を教育する座学ばかりやっているから、何も生まないニッポンになってしまった。

しまんと分校

一方で、田舎の人たちは実技には長けているが、それが暮らしに直結しているからで、田舎の「知恵」もあれば「無知」もある。30年前、日本最後の清流と呼ばれながら、地元の人たちはその価値に対する自覚も関心もなかった。『水』の本を作ったのは、その田舎の無知に知を注ぐ村民向けの本だった。田舎にはソトの目も要る。

都会にはまた「都会の無知」もあって、都会が万能なわけではない。こうして四万十で都会と田舎の無知と知恵が行き来する。

しまんと分校のロゴは、向かい合い、お辞儀をするボクらの姿。目には見えないけれど、その真ん中を四万十川が流れ、沈下橋がつないでいる。

本校より、分校
その本校は
なんとなく東京あたり

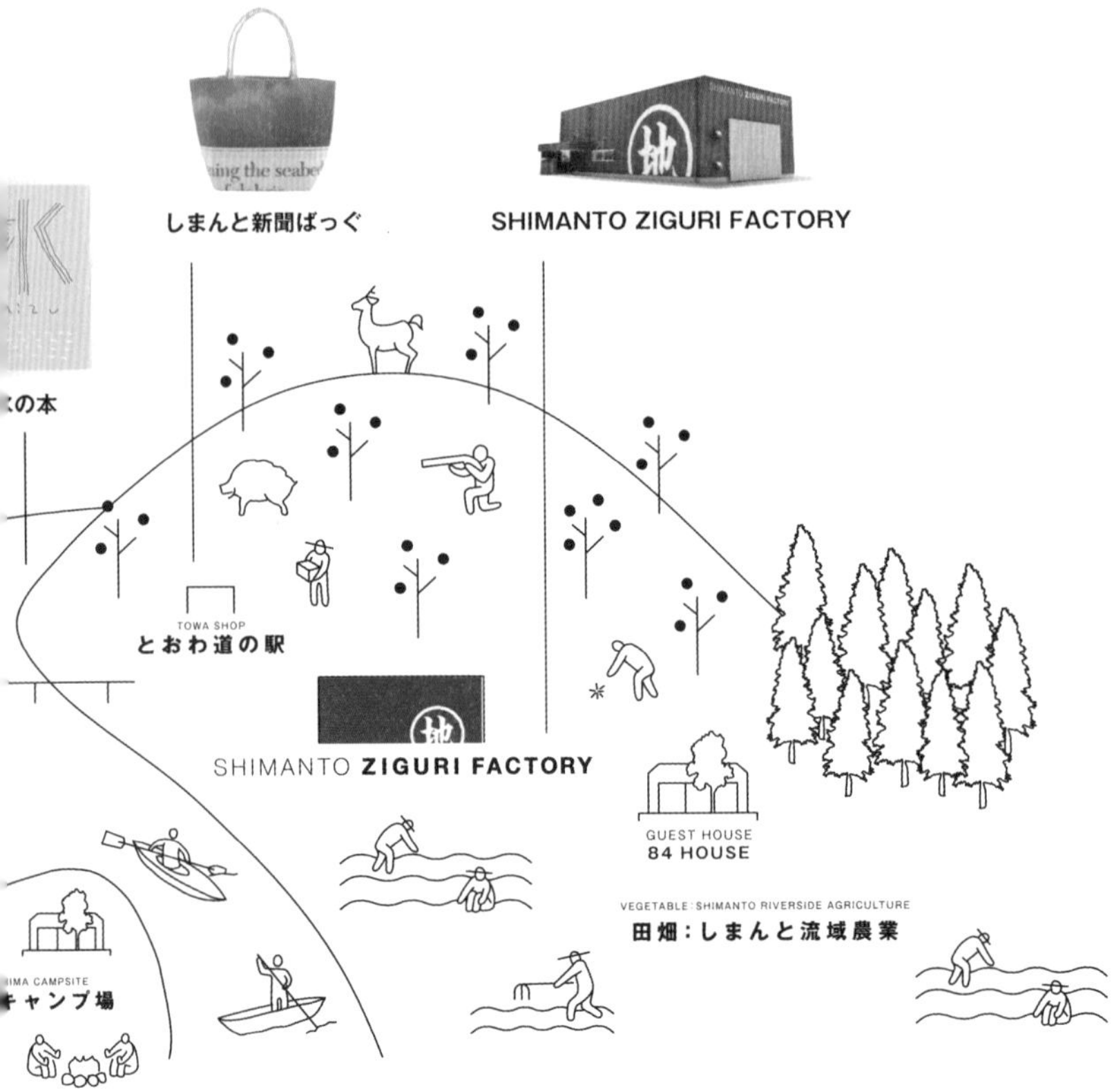

しまんと流域農業

ぼくが住んでいる高知県は経済指数の低さで沖縄と最下位を競い合っている。なのに、この貧乏県に住む高知県民の幸福度は驚くほど高い。

アメリカ人の友人に「高知は貧乏でお金がないのに、たのしい県だ」と言ったら、「ノーマネー、ノートラブル」という名言が返って来た。良くも悪くも

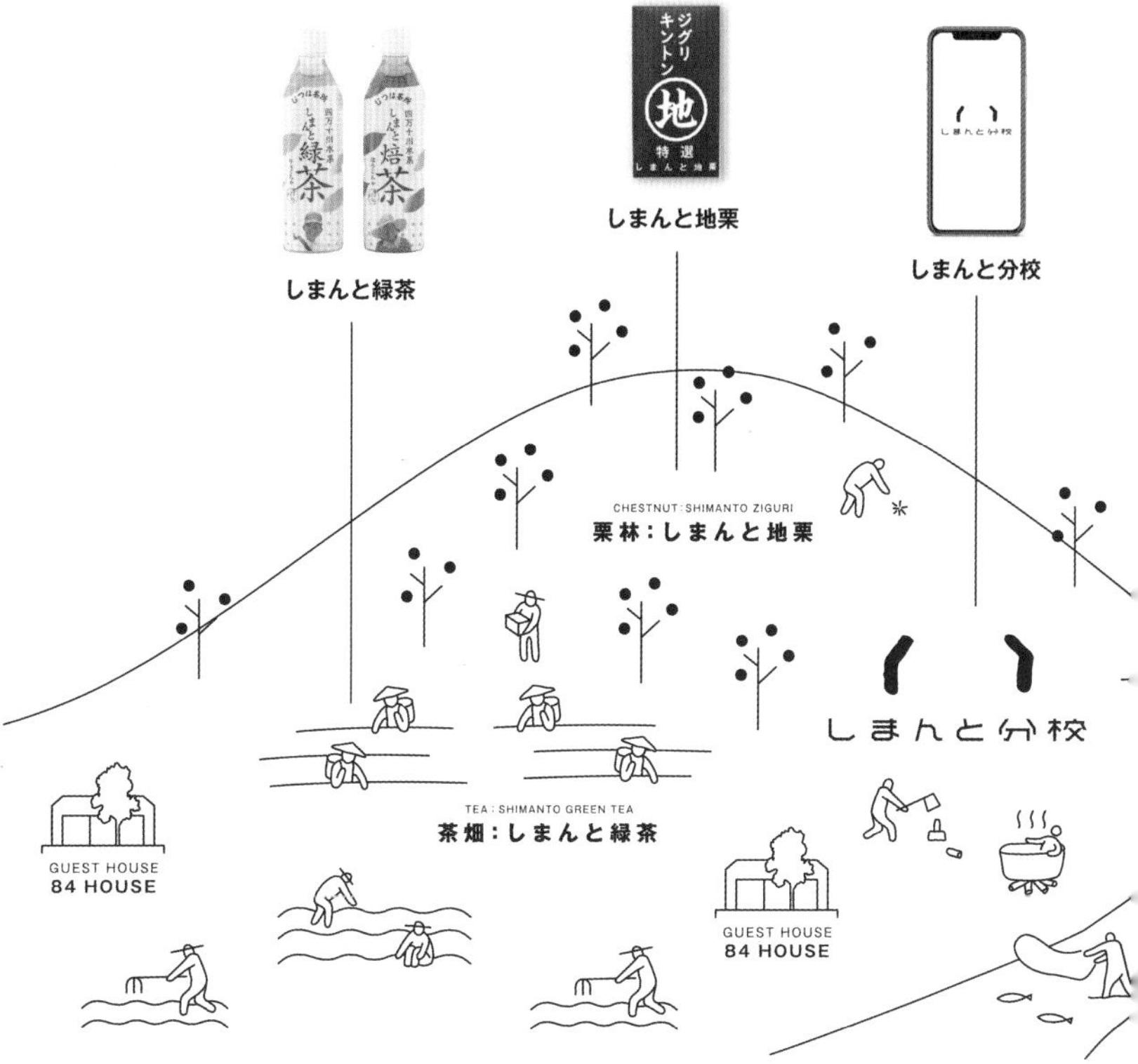

これが私たちの個性と考えたら、ずいぶん面白い個性やんか。

そう考えていく遺伝子がぼくの中にあるので、四万十川で初めて沈下橋を見たとき、「これはすごい個性だ」と思った。大雨で増水したら沈んで渡れない。自然に逆らわず、自然と生きる橋なのだ。しかし、それを壊して大きな橋に架け替えるのだという。

それはあかんやろ。

ぼくは反対のプラカードを持つ代わりに、高知市から十和村の茅吹手という沈下橋の向こうに移り住んだ。1989年のことである。

その橋を渡って、当時はまだ農協職員だった四万十ドラマの畦地くんがやって来た。思えば、それが「しまんと流域農業」へと続いていく道の始まりの始まりだった。

川のほとりに住んでいるうちに、なぜ、かつて流域を支えて来たはずのお茶や栗、ヒノキ、芋などの一次産業が廃れようとしているのかが気になり、それを1つずつ掘り起こし、ブランディングし、商品をデザインしてきた。振り返ってみると、自分たちがやってきたことはすべて「自然が資本」だった。

そのプロセスの中で、まさか幽体離脱ではないけれど、自分がドローンになったかのように空からこの1本の川を地理的な1本の線として俯瞰して見えたことがあった。

そのとき、流域の人々の農業という営みが1つのブランディングではないのかと気づき、パッと浮かんだのが1本の川をブランディングする「しまんと流域農業」というコトバだった。

子どものころに学んだ世界史では三大文明は川のほとりから始まっていて、川というとその周辺の流域を想像する。ぼくのアタマはそういうデバイスになっている。

では、どんな農業だったらよいのかと考えてみる。四万十流域は山が川岸まで迫るような土地で、田畑は山の斜面にへばりつくように急で狭い。いわゆる高知平野とはあきらかに条件が違う。

なのに「換金作物」というフレーズで、流域の個性に合わないものを奨励するようなことばかりやって来た。

エコノミック、エコノミックと叫ぶのではなく、ビジョンを叫ぶべきなのに、地面の問題をどこかに置いて来たのではないのか。それをもう一回取り戻していくべきじゃないの？　成長から成熟にまわるべきじゃないの？　必要なのは土地のチカラを引き出すデザインであり、農業なのだ。

ぼくは農業のことを思う時、いつも「愉しき農業」という文字が浮かぶ。常にりっしんべんの「愉しい」がくっついている。

昔、役場の男に誘われて家に飲みに行ったときのこと。右の畑と左の畑に植えたオクラの風情が違っていた。こっちはスクスク、ピカピカに育っているのに、かたや、虫食い。

いわゆる〝農家あるある〟で、これは出荷用と家で食べる自家用のオクラの違い。大事な家族に食べさせる野菜には農薬や化学肥料なんかは使わないのである。

哲学とは言わないが、理念とも言わないが、そういう作物をつくる思想や生き方、考え方を持つだけで、そこにある風景がいい風景に見えてくる。「考え方」があればそれだけで風景の意味が変わるのだ。

たとえば四万十の水辺の野菜、水菜、せり、クレソンなど、その人たちの生き方によって作られた安全で「おいしい」をつくる農業。その価値も基準もすべて自分たちが決める農業。嘘を言わない農業だ。

四万十には十年以上耕作放棄された田畑がたくさんある、それを新たにどんどん掘り起こしてオーガニックで作りやすい「地芋」を植える。芋は昔からここの土地の個性に合った作物だ。新しい農業のやり方として産地形成もできるのではないかと考えている。

すでに、このオーガニックの芋の甘みだけで砂糖を使わずに作る新しい商品のデザインはできている。

ぼくらはお金がないから大々的にコマーシャルはできない。いわば商品自体が電波なわけで、それはブランディングの方法でもある。考え方の蓄積、理念の蓄積をブランディングと言うんやデ。

こうして流域の人々の生き方をブランドに農業や産業をつくったら、「その考え方に移住したいんです！」と言って、都会や全国から共感した人たちが集まっても来るだろう。農業自体が移住・定住の理

由にもなる。

「考え方」がない田舎は、ただの貧乏や。

2022年から3年間、考え方に賛同した農水省から補助金が貰えることになった。四万十流域の、山間の、その小さな一点から始まった農業の集団が、その先の自治体や高知県や、さらに農協にも応援されるような農業の生き方を持った新しい存在になっていきたい。

30年経って、ようやくここまでたどり着いた。

これがぼくの最後の仕事だなと思っている。

農業を思う時
枕詞のように
愉しき農業と
愉しいがくっついている

本質には〝笑い〟がある。
どんなモンダイも
最後は〝笑い〟で解決したい。

梅原真（うめばら まこと）

高知市生まれ。高知県在住。「土地の力を引き出すデザイン」をテーマに「そこにあるもの」をデザインする。柚子しかない村の「ぽん酢しょうゆ・ゆずの村」。かつおを藁で焼く「一本釣り・藁焼きたたき」。荒れ果てた栗の山から「しまんと地栗」。４㎞の砂浜を巨大ミュージアムに見立てる「砂浜美術館」。四万十の鮎を原稿料に『水』の本。高知の森林率84％を自慢する「84プロジェクト」。秋田美人をモチーフにした「あきたびじょん」。島根県隠岐郡海士町のアイデンティティ「ないものはない」のプロデュースなど。農林水産省の支援を受け、一本の川全体の生き方をブランディングする「しまんと流域農業organic」進行中。ＭＢＡ(Master of Bunkou Administration）が取得できる、実技と座学の学校「しまんと分校」を建設中。

２０１６年、毎日デザイン賞特別賞受賞。

武蔵野美術大学客員教授。

わらうデ

2023年5月8日　初版

著者　梅原 真

編集協力　池田あけみ
デザイン　梅原デザイン事務所
発行者　羽鳥和芳
発行所　株式会社 羽鳥書店
113—0022
東京都文京区千駄木5—49—2 ベガハウスミタケ305
電話番号　03—3823—9319［編集］
03—3823—9320［営業］
ファックス 03—3823—9321
https://www.hatorishoten.co.jp/

印刷・製本所　弘文印刷株式会社

ISBN 978-4-904702-90-1　Printed in Japan

梅原 真『ニッポンの風景をつくりなおせ——一次産業×デザイン＝風景』

Ａ５判 並製 ２４０頁 オールカラー 本体価格２６００円＋税 ２０１０年６月刊行

一次産業にデザインをかけ合わせて「あたらしい価値」をつくりだす、デザイナー梅原真の仕事が初めて本になった。

「ウメちゃんを信じなさい！」 大橋歩（イラストレーター、アカンヤンカマン生みの親）

ここにあるのはすべて「アカンヤンカ」から始まった仕事です——土佐の一本釣り鰹漁船の風景を守った「漁師が釣って、漁師が焼いた」藁焼きたたき、地域の個性を逆手にとった「島じゃ常識 さざえカレー」、箱モノ行政まっ盛りのバブル時代にTシャツを砂浜にひらひらさせた「砂浜美術館」、森林率84％の高知から発信する「84（はちよん）プロジェクト」……梅原真のデザインワーク＆コンセプトワーク47点。

梅原 真『おいしいデ』

Ａ５判 並製 ２７２頁 オールカラー 本体価格２８００円＋税 ２０１８年６月刊行

梅原真のデザイン、第２弾。

「梅原真というおっさんは、なんでもやりよるデ」 糸井重里

「デザインは問題解決ソフト」、「デザイナーとは問題解決人」と言い切る梅原が、海から山へ、里から街へと奔走し、〝絶体絶命〟の淵にいる生産者の志に応えていく——瀬戸内の島で一家総出の手作業で加工されたいりこ、口蹄疫で打撃をうけた養豚場の手塩にかけた加工品、有機飼料と広い飼育環境にこだわった鶏の卵、老舗和菓子屋の新たな試みを後押しする最新の仕事も含め、26の仕事を紹介。

原 研哉［編］『みつばち鈴木先生——ローカルデザインと人のつながり』

Ａ５判 並製 ３０４頁（カラー32頁） 本体価格３２００円＋税 ２０１４年５月刊行

ミツバチのように全国各地を飛び回り、地域とクリエイター（梅原真、隈研吾、大黒大悟、原研哉ほか）を結びつける〝みつばち先生〟こと鈴木輝隆教授の活動を一挙に紹介する、ローカルデザインの「教科書」。

羽鳥書店刊